미라클 홈 오피스

집 안에 **나만의 행복 공간** 솔루션

크리스 페터슨 지음

목차

INTRODUCTION

서문

철저한 사전 계획 하에 마련된 홈 오피스는 재택근무에서 발생하는 불편함을 없애주는 한편 재택근무만의 이점을 최대한 누릴 수 있게 해준다.

재택근무에 필요한 것을 전부 마련했는가? 그렇다면 이제 이상적인 홈 오피스를 설계하는 일만 남았다. 완벽한 업무 공간은 편안함과 효율성, 생산성을 높여주며 주거 공간의 분위기를 해치는 대신 더 나은 분위기를 연출하는 데 일조한다. 훌륭한 홈 오피스는 균형 잡힌 디자인으로 이용자가 조화로운 상태를 유지하는 데에도 도움이 된다.

집과 사무실, 휴식과 일. 이 두 요소는 때때로 상충하는 목표처럼 보이기도 한다. 이 책을 길잡이 삼아 이 목표에 도달해 보자. 주로 컴퓨터 앞에 앉아 업무를 보는 고객 서비스 담당자든, 인쇄물로 작업하는 편집자든, 전화나 영상통화로 대부분의 업무를 처리하는 변호사든, 이 책은 여러분의 창의력과 생산성을 높이는 편안하고 맞춤화된 업무 공간을 구축하는 데 필요한 모든 정보를 담고 있다. 이 책에서 제공하는 정보를 바탕으로 나에게 필요한 모든 것을 갖춘 나만의 업무 공간을 꾸며보기 바란다.

홈 오피스가 갖춰야 할 세 가지 주요 고려 사항을 먼저 살펴보자. 효율성, 편안함, 분리다. 효율성을 꾀하려면 최대한 빠르고 쉽게 업무를 수행할 수 있는 환경을 만들어야 한

홈 오피스 공간은 접근성이 뛰어나야 하지만 움직임이 제한을 받아서도 안 된다. 이 두 요소가 균형을 이루는 것이 중요하다. 이 사례의 경우 비교적 좁은 업무 공간에 책상을 잘 배치한 결과 책상 뒤로 여유 공간이 있으며 방문객을 맞이하거나 회의에 필요한 공간도 넉넉하다.

이 효율적이고 매력적인 업무 공간이 보여주듯 뒤뜰의 다용도 공간은 홈 오피스로 사용하기에 훌륭한 장소가 될 수 있다.

다. 편안함은 쾌적한 업무공간을 구축하는 데 도움이 되는 인체공학적인 특징이나 가구를 통해 얻을 수 있다. 분리는 홈 오피스 설계에서 가장 중요한 사안이다. 가정에서 이루어지는 다른 활동들을 방해하지 않는 한편 이 활동으로부터 방해받지 않는 공간을 마련함으로써 하루 업무를 마친 뒤 자연스럽게 집 안의 다른 공간으로 이동할 수 있어야 한다. 홈 오피스를 제대로 꾸밀 경우 우리의 집은 편안한 생활이 가능하고 타인과 어울리는 가운데 휴식을 취할 수 있으며 심지어 잠시 일을 잊을 수도 있는 공간이 될 것이다. 분리는 다른 면에서도 중요하다. 홈 오피스가 집과 너무 연결되어 있을 경우 소음이나 가족들의 활동, 애완동물까지도 업무 공간을 침해해 생산성을 떨어뜨릴 수 있다.

홈 오피스를 제대로 구축하는 일은 생각보다 복잡하다. 필요한 장비, 앉을 곳, 적당량의 수납공간 등 고려할 사항이 많다. 하지만 걱정하지 말기 바란다. 이 책에서 전부 다룰 것이다.

우선 업무 공간을 꾸밀 완벽한 장소부터 파악해야 한다. 장소를 선택했으면 레이아웃을 짜고 업무 공간에 필요한 가구와 장비를 마련한 뒤 필요한 서비스와 기술 장치를 연결한다. 마지막으로 공간을 한 번 둘러보면서 오랜 시간을 보내기에 쾌적한 장소인지 느껴본다.

이 모든 과정이 다소 벅차게 다가올지도 모르겠다. 하지만 걱정하지 말기 바란다. 이 책이 도와줄 테니 말이다. 심호흡을 한 번 한 뒤 페이지를 넘겨보자. 이 책에서 각 단계를 차근차근히 설명해줄 것이다. 책을 읽어나가는 동안 메모를 하거나 나에게 도움이 되는 페이지를 표시해 둬도 좋다. 이 책에서 제시하는 배치를 따라 해봐도 좋고 나만의 아이디어를 내도 좋으나 한 가지 사실만은 잊지 말기 바란다. 나만의 홈 오피스를 꾸미는 일은 보람찬 일이자 즐거운 일이다.

HOME OFFICE INSPIRATION GALLERY

참고할 만한 홈 오피스 이미지

좁은 공간이나 넓은 공간, 기술적인 장치를 갖춘 장소나 기본적인 시설만 갖춘 장소, 혼자만의 공간이나 타인의 방문이 잦은 공간 등 다양한 형태의 홈 오피스가 존재한다. 이제부터 여러분은 나만의 홈 오피스에서 필요한 것들을 파악하고 이 특별한 공간을 꾸미는 방법을 배우게 될 것이다. 우선 다양한 사례를 통해 영감과 아이디어를 얻어 보자. 필요할 때면 언제든 이 페이지로 돌아와도 좋다.

홈 오피스가 지나치게 두드러지지 않도록 하려면
사진에서처럼 방 안의 그림과 장식에 맞춰 검은색 의자를 고르는 등 가구를 선택할 때 주의해야 한다.

홈 오피스에서 가장 중요한 것은 위치 설정이다.
이 사례의 경우 커다란 창문을 통해 들어오는 햇살이 화면에 반사되지 않도록 컴퓨터 모니터의 위치를 신경 써서 배치했다.
또한 속이 비치는 얇은 커튼으로 빛을 분산시켜 책상 앞에 앉아 있을 때 사용자의 눈에 잔상이 남지 않도록 했다.

나만의 스타일로 홈 오피스를 꾸밀 경우, 보다 편안한 근무 환경을 구축할 수 있다.
이는 재택근무의 큰 장점 중 하나로
영감을 주는 공간으로 꾸미되 주의가 산만해지지 않도록 만드는 것이 중요하다.

외부로 쉽게 나갈 수 있는 곳에 홈 오피스를 마련할 경우 신선한 공기를 쐬고 틈틈이 휴식을 취할 수 있다는 점을 기억하기 바란다.

현대적인 뒤뜰에 잘 정비된 홈 오피스를 꾸밀 경우 고객이나 동료들과 소통할 수 있는 휴게 공간, 책상이 중심에 놓인 업무 전용 공간 등 이용가능한 공간과 시설을 최대한 활용할 수 있다. 현대적이고 간결한 스타일에 보기에도 매력적인 공간이다.

크기가 애매한 작은 방이나
공간은 홈 오피스로
사용하기에 적절하다.
이러한 공간은 다른 용도로
사용하기에 적합하지 않으며
보통 집 안의 주요 이동 동선과
떨어져 있기 때문이다.

업무 상 고객과의 소통이 잦다면 여러분의 홈 오피스는 격식을 차린 딱딱한 공간과 허물없는 분위기의 편안한 공간 사이에서 균형을 이뤄야 한다. 방 전체를 차지하는 이 작은 업무 공간에서는 그러한 균형이 잘 유지되고 있다.

공간이 부족할 경우 창의력을
발휘해야 할지도 모른다.
사진에서처럼 계단 아래 공간도
고려해보자. 간결한 업무 환경과
수납공간으로도 충분하다면 이곳은
단출한 홈 오피스를 위한 완벽한
장소가 될 수 있다.

무선 인터넷을 이용하면
사진에서 보이는 것처럼
깨끗하고 정렬된 홈 오피스를
꾸밀 수 있다. 어디에서도
노트북을 이용할 수 있으며
엉킨 전선 없이 집안
어디에서나 프린터를 연결할
수 있다.

넓은 공간의 일부를 홈 오피스로 꾸밀 경우 조절 가능한 데스크 조명이 반드시 필요하다. 넓은 공간을 비추는 조명은 작업용 책상의 조명으로 충분하지 못하기 때문이다. 당겨서 늘일 수 있는 책상 조명을 사용하면 좋다.

혼잡하고 소란스러운 가운데서도 일할 수 있다면 사진에서 보이는 것처럼 움푹 들어간 부엌 벽면을 홈 오피스 공간으로 활용할 수 있다.

손님용 침실에 홈 오피스를 마련하려면 이 사례에서처럼 침대를 치우고 침대 겸 소파를 놓으면 된다.

한적한 곳에 위치한 좁은 공간은 홈 오피스로 꾸미기에 좋다. 큰 방의 이동 동선에 방해가 되지 않으며 이 흐름으로부터 방해를 받지도 않기 때문이다.

다락은 집중을 요하는 업무를 위해 조용한 홈 오피스를 꾸미기에 이상적인 장소다. 사진에서처럼 다락에 업무 공간을 마련할 경우 일과 가정생활을 확실히 분리할 수 있다.

방 전체를 이용한 홈 오피스는 집의 전체적인 인테리어 디자인에 반드시 어울리지 않아도 되는 매력적인 공간을 연출할 수 있다는 장점이 있다.

CHOOSING A LOCATION FOR YOUR HOME OFFICE

홈 오피스 위치 선정

이상적인 홈 오피스를 꾸미는 데 가장 중요한 것은 장소다. 잘못된 장소에 홈 오피스를 마련할 경우 집안의 풍경과 분위기 때문에 주의가 산만해지며 업무에 집중하기 힘들어진다. 우선 집안을 천천히 둘러보자. 일을 하는 관점에서, 특히 자신이 하는 업무의 성격을 고려하며 공간을 바라보자. 나만의 홈 오피스를 꾸미기에 가장 적합한 공간들이 눈에 들어올 것이다. 이 공간들을 염두에 둔 채 다음 질문들을 던져보자. 이 질문들에 대한 답은 여러분의 업무와 업무 방식에 가장 적합한 장소로 여러분을 이끌어줄 것이다.

방 전체를 홈 오피스로 꾸밀 수 없다면
이처럼 널찍한 거실이나
가족실 한 편 눈에 띄지 않는 공간을
홈 오피스로 이용할 수 있다.
그러한 장소가 적합한지 판단하려면
자신의 업무 니즈를 고려해야 한다.

THINGS TO CONSIDER

고려사항

홈 오피스를 계획할 때 가장 먼저 살펴봐야 하는 사항들은 다음과 같다. 이제부터 각 사항을 자세히 살펴보도록 하자. 이 내용은 책 전체에서 계속 다뤄질 것이다.

- ✔ 얼마나 넓은 공간이 필요한가?
- ✔ 이동 동선은 어떠한가?
- ✔ 홈 오피스가 해당 공간에 시각적으로 어떠한 영향을 미치는가?
- ✔ 몇 시간 연속 그곳에 있어도 편안한가?
- ✔ 조용한가?
- ✔ 방문객을 위한 공간이 필요한가?
- ✔ 필요한 서비스가 갖춰져 있는가?
- ✔ 다양한 목적에 부합해야 하는가?

얼마나 넓은 공간이 필요한가?

현실을 직시하자. 5파운드짜리 공간에 10파운드짜리 가구를 넣을 수는 없다. 우리는 홈 오피스를 마련할 공간을 상식적으로 바라봐야 한다. 작은 사무용 책상과 커다란 제도대가 모두 필요한 사람이라면 복도 끝에 사용되지 않고 있는 폭 좁은 공간을 홈 오피스로 사용할 수는 없을 것이다. 하지만 대부분의 업무는 가용한 공간을 홈 오피스로 바꿔 수행할 수 있다. 자신의 업무를 고려해 나에게 필요한 공간을 판단하기 바란다.

책상의 크기는 취향에 달려 있다. 사무실 건물에서 사용되는 책상은 보통 5피트 규격을 따르지만 우리는 그보다 작은 책상에서도 일할 수 있다. 사진에서 보이는 두 사람을 비교해보기 바란다. 한 명은 근무시간이 길지 않으며 노트북으로 일하기 때문에 작은 책상에서 일할 수 있지만 다른 사람은 종이와 온갖 도구를 책상에 펼쳐놓고 일하기 때문에 큰 책상이 필요하다.

이동 동선은 어떠한가?

방문객을 포함한 집안의 다른 이들이 공간을 오가는 방식을 생각해보기 바란다. 애완동물의 이동 동선은 어떠한가? 그들의 이동 동선이 나의 업무에 방해가 되는가, 별로 문제가 되지 않는가? 해당 공간에 홈 오피스를 마련하기 전에 며칠 동안 노트북으로 일을 하면서 그 공간의 이동 동선을 살펴보기 바란다. 오가는 이들이 업무에 방해가 된다면 그들의 움직임을 줄이는 방법을 찾거나 다른 공간을 찾는 편이 좋다.

홈 오피스가 해당 공간에 시각적으로 어떠한 영향을 미치는가?

잘 꾸민 홈 오피스는 집의 전체적인 인테리어 디자인에 어울리거나 이를 한층 돋보이게 만든다. 하지만 특정한 장소-특히 방의 일부를 홈 오피스로 사용해야 하는 경우-에서는 업무 공간이 지나치게 두드러질 수 있다. 제대로 계획되지 않은 홈 오피스는 방의 분위기와 풍경을 해칠 수 있는데 어수선하고 작은 방에서는 그럴 확률이 더욱 높다.

이 단출한 홈 오피스는 필요 때문에 거실 한 편에 마련되었지만
주요 이동 동선에서 벗어나 있으며 자연광이 넉넉하게 들어올 뿐만 아니라 기존 공간의 색상과도 잘 어울린다.

몇 시간 연속 그곳에 있어도 편안한가?

대답하기 쉽지 않은 질문이지만 생각해 봐야 한다. 홈 오피스로 고려 중인 공간을 내가 무의식적으로 피하고 있지는 않은가? 그 공간에서 마음에 들지 않는 부분을 쉽게 바꿀 수 있는가? 나는 주의가 쉽게 산만해지는가? 홈 오피스에서 바라보이는 모습이나 아이들이 노는 것처럼 가까이에서 일어나는 다른 활동들 때문에 업무가 방해를 받는가?

조용한가?

소음은 집중할 수 있는 편안한 환경을 마련하는 데 방해가 될 뿐만 아니라 전문가다운 업무 분위기를 연출하는 데에도 문제가 될 수 있다. 개가 계속해서 짖고 세탁기와 건조기가 돌아가는 소리가 들린다면 전화나 화상회의를 하는 동안 정갈한 이미지를 보여줄 수 없다. 방음 장치와 관련된 정보는 37페이지를 참고하기 바란다.

조용한 곳에서 집중해서 일해야 하고 고객이나 동료와 소통이 필요한 업무라면 이 사진에서처럼 움푹 들어간 외진 곳이 이상적인 홈 오피스 공간이 될 것이다.

이 방은 업무 공간이지만 방문하는 고객들을 환대하는 편안한 분위기로 조성되었다.
방문객들이 현대적인 의자에 앉아 마음껏 다리를 뻗을 수 있도록 여유 공간도 넉넉히 두었다.

방문객을 위한 공간이 필요한가?

동료, 고객, 컨설턴트, 거래처 직원 등 어떠한 방문객이 나를 찾아오는가? 이 질문에 따라 여러분에게 얼마나 많은 여유 공간이 필요한지를 비롯해 이 공간의 성격이 결정된다. 여러분은 자신을 찾아오는 방문객이 편안하기를 바랄 테지만 지나치게 편안한 집안 분위기가 아니라 확실한 업무 공간이라는 인상을 주고 싶을 것이다. 격식을 차리지 않아도 되는 업무일지라도 햇살이 잘 들고 깨끗하며 편안한 공간에서 고객을 만나기를 바랄 것이다. 여러분의 수입에 영향을 미치는 사람과 정기적으로 만나야 할 경우 회의를 위한 별도의 장소가 필요하다. 동료와 협력할 때에는 고객을 맞이할 때에 비해 엄격한 기준을 적용하지 않아도 된다. 동료들과는 식탁에서 회의를 해도 괜찮다. 하지만 브레인스토밍을 하기에 적합한 커다란 테이블이나 화이트보드처럼 특정한 장비를 갖춰야 할지도 모른다.

원하는 곳에 필요한 서비스가 갖춰져 있는가?

한 곳에 어느 정도 살다 보면 집 안에서 인터넷이 잘 터지고 터지지 않는 위치를 금세 파악하게 된다. 몇 가지 핵심적인 기술(68페이지 참고)을 이용하면 인터넷 속도를 높이고 몇 개 안 되는 콘센트만으로도 충분히 업무를 볼 수 있다. 하지만 영구적인 홈 오피스를 꾸미게 된 이상, 필요한 서비스를 누리기 위한 방법에 예산을 들여도 나쁘지 않을 것이다(50페이지 참고).

다양한 목적에 부합해야 하는가?

가족 활동이나 사교, 심지어 휴식하는 공간에 홈 오피스를 마련할 경우 이 같은 용도도 고려해야 한다. 거실이나 부엌, 마스터 침실의 한 귀퉁이 같이 커다란 방에 홈 오피스를 꾸밀 경우 업무 공간을 차단해주는 칸막이를 설치하거나 밤과 주말에는 업무와 관련된 장비를 가릴 수 있는 구조를 취해야 한다. 손님용 침실에 업무 공간을 마련할 경우 손님을 환대하는 분위기를 해치지 않아야 하며 다른 가구와 잘 어울리는 업무용 가구를 배치해 차분한 분위기를 연출해야 한다.

홈 오피스를 손님용 침실로도 사용할 경우 방문객이 편안하게 머물 수 있도록 업무와 관련된 장비들이 눈에 띄지 않도록 해야 한다. 사진 속의 오피스는 기존 공간에 업무 공간을 자연스럽게 녹여 아늑하고 편안한 분위기를 유지했다.

HOME OFFICE ROOM OPTIONS

홈 오피스로 사용할 수 있는 공간

이론적으로는 집안 어느 곳에라도 홈 오피스를 꾸밀 수 있지만 실제로 홈 오피스를 꾸미기 가장 적절한 곳은 보통 한 곳 정도다. 완벽한 장소를 찾기 위해서는 이용 가능한 방, 다른 가족들의 사용 빈도수(그리고 방법), 내가 수행하는 업무의 성격 간에 균형점을 찾아야 한다. 보통 여섯 가지 방법이 있다. 다른 용도로 사용되고 있는 기존 방 안에 홈 오피스를 마련하거나 벽장을 홈 오피스로 바꾸는 법, 방이 아니라 전이 공간을 활용하는 법, 방 전체를 홈 오피스로 사용하는 법, 다용도 공간을 개조하거나 별채를 홈 오피스로 꾸미는 법이다.

기존 방

가장 일반적인 방법은 기존 방 안에 홈 오피스를 마련하는 것이다. 사실 많은 사람들이 서류 작업이나 공과금 납부 같은 특정한 일을 수행하기 위해 이미 그렇게 하고 있다. 하지만 하루 중 8시간에서 10시간이나 그곳에서 시간을 보내려면 조금 더 신경을 써서 균형 잡힌 쾌적한 공용 공간을 계획해야 한다.

사진에서처럼 여분의 공간 뒤에 자리한 구석은 업무 성격 상 특별한 장비나 널찍한 장소가 필요하지 않은 사람에게 적합한 홈 오피스 공간이다.
공간으로 들어오는 빛은 커튼이나 블라인드로 조절하면 된다.

부엌을 활용한 홈 오피스는 모든 것이 갖춰진 사무실에서 일하지 않아도 되는 사람에게 가장 적합하다. 외근이 잦은 부동산 중개인이나 판매원 같은 이들에게 매력적인 공간이다. 부엌에 위치한 이 홈 오피스는 가사 업무의 주요 이동 동선에서 벗어나 있다.

부엌

부엌은 실용적인 공간이다. 운이 좋은 특별한 경우를 제외하고 대부분의 부엌은 그리 넓지 않다. 따라서 부엌에 자리한 홈 오피스는 협소할 수밖에 없다. 부엌에 자리한 홈 오피스는 온라인으로 업무를 보거나 널찍한 수납공간이 필요 없는 사람, 외근이 잦은 부동산 중개인 같은 사람에게 이상적이다. 부엌에 자리한 홈 오피스의 장점은 공간의 다른 부분과 어울리는 부엌 수납장을 수납공간으로 이용할 수 있다는 것이다.

부엌에 홈 오피스를 마련할 때 마주하는 가장 큰 문제는 그 공간에 자연스럽게 녹아드는 오피스를 연출하는 것이다. 부엌은 온갖 마감재와 용품이 넘쳐나는 공간으로 그것만으로도 이미 혼잡하다. 그곳에 정반대의 이미지를 풍기는 업무 공간을 꾸미는 것은 좋은 생각이 아니다. 수납가구는 되도록 숨겨두며, 관련 장비와 파일, 용품은 잡아당겨 여는 선반 같은 캐비닛에 넣어두기 바란다. 부엌에 홈 오피스를 마련할 수 있는 아이디어는 다음과 같다.

구석 활용하기

벽감과 구석은 홈 오피스 공간으로 사용하기에 좋다. 집에서 가장 혼잡한 공간인 부엌의 주요 이동 동선에서 벗어나 있기 때문이다. 이곳은 부엌의 다른 공간을 향해 시야가 열려 있지만 다른 공간과는 분리되어 있다. 다른 누군가 저녁 식사를 준비하는 동안 일을 해야 할지도 모르는 바쁜 부엌에서 이 같은 분리는 반드시 필요하다.

수직 공간 이용하기

여러분이 어떠한 공간을 선택하든 이용하지 않는 벽이 있기 마련이다. 이곳에 코르크판이나 화이트보드, 자석판을 걸어둘 수 있다. 부엌 창문 아래 홈 오피스를 마련할 경우 자신이 일할 때 보통 걸어두는 물건을 어디에 보관할지 생각해야 한다. 가족들에게 이 보드는 업무용임을 알리기 바란다. 가족들이 해야 할 일의 목록이나 가족 일정을 붙여놓는 곳으로 이 보드를 이용하려 할 경우 부엌 내 다른 곳에 그러한 용도의 보드를 별도로 마련해야 할지도 모른다.

컨테이너 활용하기

부엌에서는 공간이 늘 부족하기 마련이다. 부엌 공간을 침해하지 않고도 가능한 공간을 활용하려면 사무 용품이나 업무와 관련된 일반적인 아이템을 컨테이너에 보관하면 된다. 부엌 인테리어 색상에 어울리는 장식용통이나 상자를 마련해 종이나 꼬인 컴퓨터 선 같이 업무에 자주 필요한 물건들을 보관하기 바란다.

가족들(애완동물이나 사람)은 부엌에 마련한 업무 공간에 쉽게 접근할 수 있다. 따라서 부엌에 마련한 홈 오피스는 주위가 쉽게 산만해지지 않는 사람에게 적합하다.

업무 공간 앞 벽에 보드를 붙여놓을 경우 좁은 공간을 최대한 활용할 수 있다.

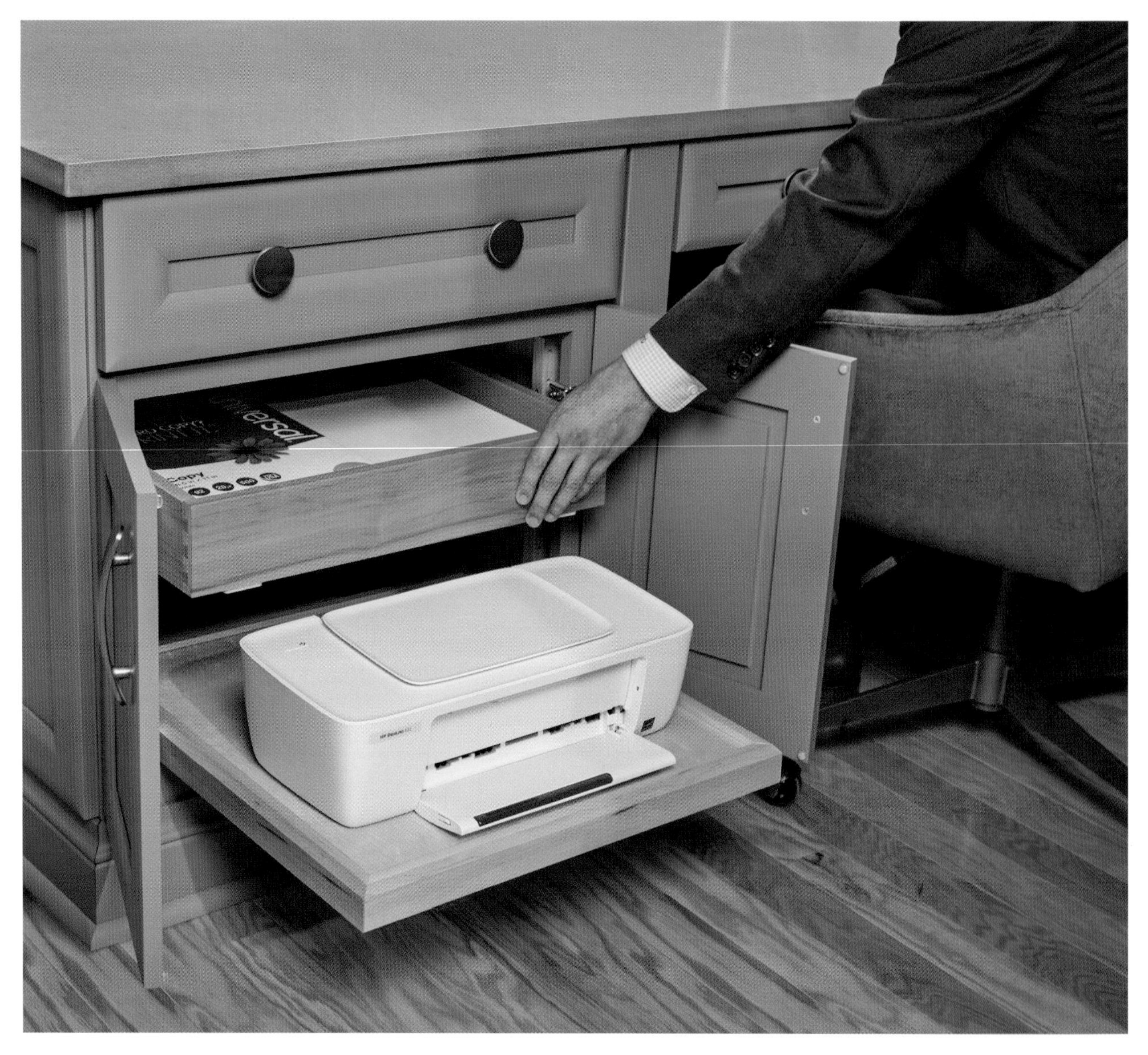

캐비닛 제작자들은 재택근무자들을 위해 사진에서 보이는 것 같이 밀어 당기는 프린터 거치대, 종이나 사무용품을 보관하는 서랍식 상자 등 실용적인 발명품들을 개발했다. 전선을 꽂을 수 있는 콘센트를 눈에 띄지 않게 설치한 캐비닛도 있다.

개조하기

어떠한 업무를 보든 부엌에 홈 오피스를 마련할 경우 부엌 찬장에 수납을 하게 될 확률이 높다. 하지만 부엌 수납장은 눈에 띄지 않는 곳에 놓아야 하는 사무 용품이나 장비를 보관하도록 설계되지 않았다. 걱정하지 않아도 된다. 대부분의 부엌 캐비닛 내부는 전국의 공급업체를 통해 공수할 수 있는 부품들을 이용해 쉽게 바꿀 수 있다. 밀어 당기는 프린터 거치대에서부터 조리대 아래 경첩으로 연결된 키보드 트레이, 포켓 서랍 칸막이 등 자신의 업무에 맞도록 캐비닛을 맞춤화하는 데 필요한 부품을 찾을 수 있을 것이다.

거실에 마련된 이 홈 오피스는 공간에 잘 녹아들어 있다. 수납가구와 잘 어울릴 분만 아니라 컴퓨터 모니터는 벽에 부착된 평면 스크린 TV와 잘 어울린다. 이처럼 일을 하지 않을 때에는 편안하고 쾌적한 공간이 되도록 주위 환경과 조화를 이루는 홈 오피스를 설계하기 바란다. 업무 시간은 당연히 누군가 TV 앞에서 휴식을 취하지 않을 때로 한정해야 한다.

거실과 가족실

공용 공간에 홈 오피스를 꾸밀 경우 해당 공간의 이동 동선은 물론 가장 혼잡한 장소는 피해야 한다. 여기에는 몇 가지 이유가 있다. 아이들과 애완동물은 서류나 기타 중요한 문서를 의도치 않게 흐트러뜨릴 수 있으며 이상적인 홈 오피스라면 업무가 끝난 뒤에도 그 공간을 이용할 수 있어야 한다. 거실이나 가족실을 홈 오피스 공간으로 사용할 계획이라면 자신의 업무 시간을 생각해보기 바란다. 나는 늦게까지 일하는가? 그렇다면 널찍한 거실에서 일어나는 활동이 여러분의 업무에 방해가 될 확률이 높다. TV 시청이 특히 그러한데 몇 발짝 떨어진 곳에서 TV 소리가 들릴 경우 업무에 집중하기가 쉽지 않다(물론 혼자 산다면 이는 문제가 되지 않는다). 거실에서 자신이 사교생활을 하는 방식도 생각해보기 바란다. 거실에 책상과 업무 용품이 놓여있는 가운데 사람들을 초대해 밤늦게 음주와 게임을 즐긴다면 어색하지 않겠는가?

거실이나 가족실 혹은 서재에 홈 오피스를 꾸밀 경우 사용이 적은 공간을 고려하기 바란다. 거실 한쪽 구석은 거실의 전반적인 풍경과 사용에 별 지장을 주지 않고도 공간에 끼워 넣을 수 있는 L자형 책상을 놓기에 아주 적합하다.

침실은 많은 양의 수납이나 기타 기술 장비가 필요하지 않은 정갈한 홈 오피스를 꾸미기 괜찮은 장소다.

침실

침실, 특히 손님용 침실은 홈 오피스를 마련하기 훌륭한 장소다. 하지만 침실에 업무 공간을 끼워 넣으려면 약간의 조정이 필요하다. 조명부터 살펴보자. 손님용 침실에는 대부분 천장등이 설치되어 있는데 이는 홈 오피스의 조명으로는 적합하지 않다. 따라서 자신이 하는 업무에 적합한 데스크 조명을 설치해야 한다. 이 조명을 연결하는 전원이나 업무에 필요한 컴퓨터와 전자 기기 역시 문제가 된다. 낡은 집의 작은 방들은 콘센트가 몇 개 없으며 음향 시스템 연결 장치가 없는 경우가 많다. (여러 대의 모니터와 사양 좋은 컴퓨터가 필요한 그래픽 디자이너처럼) 일을 할 때 "지속적인 전원 공급"을 받을 수 있는 컴퓨터나 기타 전자 기기가 여러 대 필요하다면 방 안의 전기 서비스를 업그레이드해야할지도 모른다. 그렇지 않을 경우 회로에 지나친 부담이 가해질 수 있다. 대부분의 경우 최소한 익스텐션 코드를 사용하거나 방 안에 이미 설치되어 있는 서비스를 이용할 수 있는 위치에 오피스를 꾸며야 할 것이다.

침대 겸용 소파를 베게로 가릴 경우 손님용 침실을 비공식적인 홈 오피스로 말끔히 바꿀 수 있다. 책상과 장식품을 잘 선택한 결과 이 사진 속의 방은 홈 오피스로 기발하게 재탄생했다. 이처럼 잘 선택된 가구의 도움을 받으면 어떠한 용도로 사용하든 방을 일관적인 디자인으로 꾸밀 수 있다.

벽장

벽장은 홈 오피스로 사용하기에 생각보다 괜찮은 곳이다. 우리는 벽장을 단순하게 생각하지만 사실 벽장은 안방의 널찍한 드레스룸부터 기능적이고 실용적인 손님용 침실 벽장, 복도의 린넨장, 부엌의 식료품 저장실에 이르기까지 크기와 레이아웃이 다양하다. 물리적으로 협소한 환경에서 일할 수만 있다면 이 모든 벽장은 저마다 효율적인 홈 오피스로 개조할 수 있다.

벽장의 주요 장점은 분리에 있다. 일을 할 때에는 벽장문을 열어두고 일을 마친 뒤에는 벽장문을 닫아두면 사무실과 자신의 업무를 시야에서도, 마음에서도 멀어지게 할 수 있다. 다시 말해 이 업무 공간은 침실 안에 위치하지만 휴식시간이나 근무 외 시간에는 방의 전반적인 디자인이나 기능을 시각적으로 침범하지 않는다. 방 안에서 완전한 휴식을 취하는 데 큰 영향을 미치는 부분이다.

벽장에 홈 오피스를 마련한다고 업무 공간이 어수선해지는 것은 아니다. 이 오피스에서 일하는 디자이너는 자신에게 필요한 것을 전부 쉽게 손닿는 곳에 놓아두었다. 수납공간은 넉넉하며 의자를 밀어 넣을 경우 벽장문을 안전하게 닫아둘 수도 있다.

나의 업무에 부합하는 특정한 종류의 벽장을 선택했다면 본격적으로 이 벽장을 생산적인 홈 오피스 공간으로 바꿀 차례다.

우선 이 공간에 무엇이 설치되어 있는지 살핀다. 작은 방에 설치된 벽장에는 보통 옷걸이를 걸 수 있는 봉 위에 긴 선반이 놓여 있기 마련이다. 드물기는 하지만 측면 선반이나 칸막이에 다양한 높이의 봉이 설치되어 있을 수도 있다. 대부분 기존에 설치된 수납 구조물은 쉽게 제거할 수 있으며 그렇게 하는 편이 좋다. 물론 우리는 선반이 필요하며 원래 있던 선반을 재활용할 수도 있다. 하지만 홈 오피스로 사용할 선반들의 높이와 위치는 여러분의 업무와 여러분이 갖고 있는 장비, 여러분이 저장해야 하는 물건들에 맞아야 한다. 벽장 공간이 여러분의 홈 오피스를 수용해야지 반대가 되어서는 안 된다.

벽장을 비웠으면 **정확한 측정을 시작한다**. 이는 작업대를 짜 넣고 여러분이 원하는 수납 가구를 필요한 위치에 설치하기 위해 반드시 필요한 작업이다. 내부 공간의 너비와 폭, 높이를 재고 탐지기를 이용해 옆면과 뒷면에 못을 박을 위치를 파악하기 바란다. 벽에 무언가를 부착해야 할 때 필요할 수 있다.

사진에서처럼 모든 설비를 갖춘 맞춤식 벽장 홈 오피스는 꼼꼼히 설계된 공간에 얼마나 많은 것을 넣을 수 있는지 잘 보여준다. U자형 선반은 책상과 잘 어울리며 널찍한 책상은 프린터와 팩스기를 놓고도 업무 공간을 확보할 수 있을 만큼 널찍하다.

이제 **자신이 구상하는 공간의 모습을 생각해본다**. 나무 걸판에 거는 전선 바구니 같은 작은 수납 아이템을 많이 두는 편이 좋을까? 작은 아이템 여러 개를 수납할 수 있는 상자들을 한 쪽 벽면에 세워두면 좋을까? 서류 폴더나 수납 상자를 올려놓을 수 있는 튼튼한 선반을 정면에 마련하는 것은 어떨까? 널찍한 벽면에 커다란 코르크판이나 화이트 보드를 걸어놓고 싶은가? 구상 중인 오피스의 대략적인 스케치에 이 모든 요소를 그려 넣어 보자.

책상의 크기를 줄인다. 큰 벽장이나 부엌 수납장을 개조하는 경우가 아니라면 책상을 놓을 만큼 벽장의 깊이가 깊지는 않을 것이다. 평범한 책상이 그 안에 들어갈 수 없다는 뜻이다. 독립형 책상의 다리는 벽장 사무실의 바닥면적을 많이 차지하게 되므로 플로팅 책상-옆벽과 뒷벽에 부착된 책상-이 가장 적합하다. 자신만의 책상을 직접 만들 수도 있다. 상자 안의 내용을 참고하기 바란다.

수납공간을 추가한다. 책상이 마련되면 필요한 수납공간을 추가하면 된다. 밀실 공포증을 유발하지 않으려면 개방적인 수납(선반이 대표적이다)이 바람직하다. 플로팅 선반을 추가하거나 한쪽 벽면에 칸막이 상자를 부착할 수도 있다. 모든 것은 못으로 고정시키는 편이 좋다. 선반을 설치할 때에는 책상 위에 놓는 모든 것-특히 컴퓨터 모니터-과 선반 사이의 공간을 충분히 확보하기 바란다.

DIY 플로팅 책상

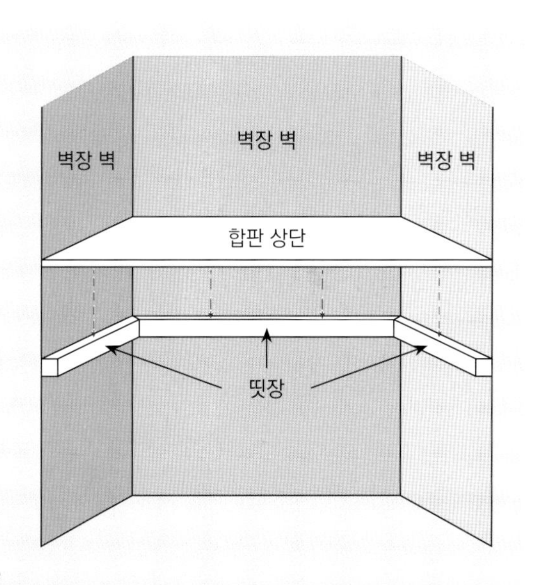

❶ 책상의 너비와 폭을 정확히 측정한 뒤 한 번 더 확인한다.

❷ 바닥에서 28인치(71센티미터) 되는 지점을 찾아 옆벽과 뒷벽에 여러 개의 점을 찍는다. 수평자를 이용해 각 점을 잇는 수평선을 그린다.

❸ 동네 철물점에 가서 3/4인치(2센티미터)나 1인치(2.5센티미터) 두께의 합판-착색이나 자연스러운 마감을 원할 경우 자작나무 합판 같은 경재를, 책상을 페인트칠할 생각이라면 저렴한 연재("면재"로 판매되기도 한다)-을 구입한다. 직원에게 1단계에서 잰 크기에 맞게 이 합판을 잘라주며 띳장으로 사용할 가로 1인치(2.5센티미터), 세로 2인치(5센티미터), 길이 12인치(30센티미터) 크기의 송판도 잘라달라고 부탁한다. 우드 퍼티 작은 거 한 통과 퍼티 칼을 구입하며 페인트칠을 할 거면 페인트와 브러시를, 그렇지 않을 생각이라면 원하는 마감재를 구입한다.

❹ 벽면에 나사로 띳장을 고정한다. 뒷벽에는 두 개를, 옆벽에는 각자 한 개씩 부착한다. 앞에서 그린 선이 띳장 상단에 오도록 갖다 댄 뒤 못이나 앵커를 사용해 벽면에 띳장을 고정한다.

❺ 벽의 색상에 맞춰 띳장을 칠한다. 책상으로 쓰일 합판은 상단, 하단, 모서리 전부 최소한 두 번 칠하거나 마감한다. 페인트칠을 할 경우 정면에 보이는 모서리는 우드 퍼티로 도장하고 사포로 닦은 뒤 다시 칠한다. 합판이 마르면 띳장 위에 올린다.

생산성을 높이는 색으로 칠한다. 페인트나 마감재 색상을 고를 때에는 신중하기 바란다. 색상은 업무 공간의 느낌과 분위기, 편안함에 지대한 영향을 미친다. 밝고 가벼운 색상은 장기적으로 경쾌한 분위기를 자아내지만 어둡고 탁하며 빛바랜 색상은 공간의 에너지를 잠식하는 경향이 있다. 표면재 마감은 색상만큼이나 중요하다. 공간에 빛을 반사하기 위해 광택제나 반 광택제를 사용하고 싶겠지만 그러한 선택은 피하기 바란다. 그러한 마감재는 업무에 방해가 되는 잔상이나 눈부심 현상을 낳을 수 있다. 무광 마감도 피하기 바란다. 공간이 지저분하고 낡은 느낌을 줄 수 있다. 윤이 나는 페인트나 무광택 페인트를 사용하면 좋다.

전기 서비스는 합리적인 선에서 판단한다. 벽장 안에 내부 조명이 설치되어 있다면 전기 기사를 불러 조명과 같은 회로에 콘센트를 설치해도 되지만 그렇게 할 경우 큰 비용이 든다. 그 대신 멀티탭을 사용해 근처 콘센트의 전원을 이용해 보자. 멀티탭은 못이나 접착식 케이블 클립을 이용해 굽도리널이나 코브몰딩에 부착할 수 있다.

부엌 옆에 비어있는 식료품 저장 창고를 사용해 완벽한 홈 오피스를 꾸몄다. 틀에 박힌 생각-그리고 사용 가능한 벽장-에서 벗어나 업무 공간으로 활용할 수 있는 장소를 찾아보자.

수직 공간을 이용한다. 신문꽂이, 고리, 자석판 같은 수직 걸이를 걸어보자. 물론 벽면에는 게시판을 걸은 뒤 잊지 말아야 하는 투두 리스트 같은 것들을 붙여놓을 수도 있다. 책상 바로 위에 손쉽게 쓰고 지울 수 있는 정사각형 모양의 칠판 페인트칠을 해도 좋다.

벽장 내 홈 오피스는 언제든 숨길 수 있는 근사한 공간이 될 수 있다. 사용하지 않을 때에는 의자를 방 안의 다른 공간으로 밀어 놓은 뒤 도장한 이중문을 닫아 가리면 된다.

작업용 컴퓨터와 가정용 컴퓨터 분리하기

집에서 사용하는 컴퓨터를 홈 오피스용 컴퓨터로도 사용할 생각인가? 다시 한 번 생각하기 바란다. 업무용 컴퓨터를 별도로 두는 편이 바람직한데 대표적인 이유는 다음과 같다.

보안 집에서 사용하는 컴퓨터에 바이러스가 침투할 경우 성가신 문제에 그치지만 회사에서 사용하는 컴퓨터에 바이러스가 침투할 경우 소중한 자료를 잃게 될 수 있다. 업무용으로 사용하는 컴퓨터에는 당연히 보안 소프트웨어를 설치해야 하지만 아이들이 어떠한 프로그램을 다운로드받거나 클릭할지 장담할 수 없다. 민감한 파일이나 고객과 관련된 자료를 다룰 경우 컴퓨터를 사용하는 사람의 수를 제한하는 편이 가장 좋다.

편리성 바쁜 가정에서는 일정이 충돌하곤 한다. 아이들은 잠자리에 들기 전에 숙제를 마쳐야 하지만 우리 또한 업무를 마쳐야 한다. 우리는 동료에게서 받은 보고서를 점검해야 하는데 파트너는 친구나 친척과 화상통화를 하려 할 수 있다. 별도의 컴퓨터를 둘 경우 이러한 불편을 겪지 않아도 되며 고객에게 판매 중인 집 사진을 보내기 위해 가족사진을 뒤질 필요가 없다.

세제 혜택 가정과 사무실 간의 경계가 명확할수록 회계감사를 받거나 홈 오피스와 관련된 세금 공제를 요청할 때 깔끔하게 처리할 수 있다. 세제 혜택과 관련해서는 119페이지를 참고하기 바란다.

전이 공간

언뜻 보면 말이 안 되는 것 같지만 완벽한 홈 오피스는 우리가 전혀 예상치 못하는 곳에 숨어 있을 수 있다. 집 안에 머무는 시간이 길어질수록 우리는 쉽게 지나치는 공간에는 눈길을 주지 않게 된다. 눈에 띄든 그렇지 않든 이 애매한 공간은 유용한 공간으로 사용될 수 있다. 이 같은 "전이" 공간에는 한계가 있다. 가장 명확한 한계는 면적이다. 전이 공간은 자체 면적이 넓지 않기 때문에 이곳에서 일하려면 모든 것을 "최소화"할 수 있어야 한다. 데스크톱 컴퓨터 대신 노트북을 사용하고 서류는 가능한 디지털화하며 종이가 아니라 컴퓨터로 작업해야 한다. 이러한 홈 오피스에서 일하려면 프린터는 다른 방에 둔 채 블루투스 장치를 사용해야 할지도 모른다. 하지만 프린터가 필요하지 않다면, 그리고 한정된 공간에 적응할 수 있으면 집의 인테리어 디자인에 최소한으로 영향을 미치는 홈 오피스를 마련할 수 있다.

물론 전이 공간일지라도 기본적인 요구 사항은 충족되어야 한다. 집에서 하루 종일 일할 경우 우리는 일정한 양의 자연광에 노출되어야 한다. 어두운 복도에 사무실이 위치한다면 하루 업무를 마칠 무렵 기분이 우울해질 수 있다. 또한 전기 사용량이 아무리 적을지라도 전기 콘센트를 사용할 수도 있어야 한다. 그밖에도 특정한 공간에 맞춰 별도의 요구 조건이 있을 수 있다.

계단 아래 공간

집에 계단이 있다면 그 아래 공간은 홈 오피스로 꾸미기에 아주 좋은 장소다. 그곳에 이미 붙박이 가구가 있다하더라도 제거한 뒤(계단을 지지하는 구조물을 건드리지 않도록 주의하며 작업을 도와줄 전문가를 고용하기 바란다) 빈 공간에 홈 오피스를 꾸미면 된다. 물론 다른 전이공간들과 마찬가지로 계단 아래 공간은 전원 공급의 문제가 있다. 익스텐션 코드를 이용해 근처 전원에 연결하는 것은 해결책이 될 수 없다. 전기 기사를 불러 회로를 설치하는 비용이 들기 때문이다. 하지만 그렇게 할 경우 자신이 필요한 수납공간을 갖춘 정갈한 홈 오피스를 마련할 수 있다. 사용되지 않는 공간을 잘 활용하는 한편 집 안의 이동 동선에서 벗어난 홈 오피스를 꾸밀 수 있는 훌륭한 방법인 것이다.

계단 아래 홈 오피스를 마련하려면 계단 아래 공간이 막혀 있지 않아야 한다.
조금만 신경 쓰면 계단 아래 공간은 훌륭한 홈 오피스가 될 수 있다.

복도

우리는 매일 걸어 다닌다. 우리는 그 사실을 별로 인식하지 않으며 이를 당연하게 여긴다. 하지만 기다란 복도 끝에 움푹 들어간 공간이나 넓은 복도 내 굽은 공간은 효율적이고 심지어 조용한 홈 오피스를 마련할 수 있는 훌륭한 장소가 될 수 있다. 물론 필요한 장비에 전원을 공급하는 데 어려움을 겪을 수 있다. 오래된 집들의 복도에는 콘센트가 거의 없기 때문이다. 홈 오피스에 놓은 의자가 집의 자연스러운 이동 동선에 방해가 되지 않도록 신경 쓰는 것도 잊지 말기 바란다.

입구 공간

현관 입구가 넓은 집, 옷이나 신발을 넣어두는 현관 옷장이 있는 집에 살고 있는가? 이 공간이 사용되는 방식과 자신이 일하고 싶은 방식을 곰곰이 생각해 보면 이러한 공간도 충분히 홈 오피스로 꾸밀 수 있다. 솔직히 이러한 공간은 재택근무를 하는 이들이 제일 먼저 떠올릴 만한 공간은 아니며 사용되지 않는 공간이 충분할 때에나 활용 가능하다. 하지만 이러한 공간에 홈 오피스를 마련할 경우 업무를 마치고 집 안으로 들어갈 때 정말로 일을 뒤로할 수 있다는 장점이 있다.

이 널찍한 복도 뒤 공간은 집 전체와 분리되어 있어 이상적인 홈 오피스가 될 수 있다. 책상을 감싸는 수납가구는 맞춤화한 것 같지만 수납장 제조업체에서 구입한 것으로 이색적인 공간에 홈 오피스를 꾸미려는 이들은 이처럼 완성된 수납장을 이용하면 좋다.

방 전체를 이용한 홈 오피스

방 한 개를 온전히 차지는 오피스를 마련하는 것은 지나친 욕심이라 생각할지 모르지만 그렇게 할 경우 거실에서 TV를 보거나 심지어 방에서 잠을 자기보다는 사무공간에서 더 많은 시간을 보내게 될 확률이 높다. 방 전체를 이용해 홈 오피스를 마련할 경우 홈 오피스 세제 공제 범위를 산정하기도 쉬워진다. 집 안에 남는 방이 있다면 방 전체를 홈 오피스로 이용하기 바란다. 생산성도 높아지고 훨씬 편안한 업무 환경을 갖출 수 있을 것이다. 민감한 자료를 다루거나 이 자료와 컴퓨터를 도난으로부터 예방해야 한다면 반드시 방 전체를 홈 오피스로 이용해야 할지도 모른다. 이 같은 홈 오피스는 정기적으로 고객을 접대하거나 동료들을 초대해야 하는 경우 이상적이다. 집에서 일하는 변호사, 회계 장부 담당자, 판매사원에게는 이 같은 오피스가 필요하다.

홈 오피스로 이용하기에 좋은 방으로는 작은 손님용 침실, 남는 방, 사용이 적은 가족실, 서재 등이 있다. 홈 오피스로만 사용되는 방에는 문이 있어야 한다. 보안 문제 때문만은 아니다. 하루의 업무를 마친 뒤 물리적으로 업무 공간과 분리될 수 있어야 업무에 뒤따르는 번아웃과 우울한 감정, 과로 등을 피할 수 있다.

반드시 컴퓨터를 중심으로 홈 오피스를 꾸며야 하는 것은 아니다. 사진에서처럼 이 재봉사는 작업 중인 옷을 걸어 놓을 옷걸이와 천을 고정하고 자르기 위한 넓은 작업 공간, 관련 용품들을 보관할 수 있는 수납 선반이 필요하기 때문에 방 전체를 활용한 홈 오피스가 적합하다.

방음

단순한 방음 시설만으로도 우리는 쾌적한 업무 공간을 유지할 수 있으며 늦게까지 일하거나 아침 일찍 화상 회의를 해야 할 때 가족들을 방해하지 않을 수 있다. 아무리 바쁘고 시끄러운 집안이라 하더라도 조용한 업무 환경을 구축하기 위해 녹음실 수준의 장치가 필요하지는 않다. 자신에게 맞는 옵션을 선택하기 바란다.

이 단순한 방음 패널은 다양한 크기와 형태, 색상으로 출시된다. 사진 속 오각형처럼 상당수가 감각적이며 벽을 전부 덮지 않고도 어느 정도의 방음 효과를 낼 수 있다.

❶ 흡음 패널을 설치한다

이 같은 패널은 특히 나무 바닥이나 금속제 서류 캐비닛 같은 단단한 표면을 지닌 방의 소리를 차단하는 데 놀라울 정도로 효과적이다. 두껍고 부드러운 러그, 천을 씌운 스크린이나 칸막이, 심지어 벽에 거는 테피스트리처럼 단순한 방법으로 소리를 흡수할 수 있다. 음파를 흡수하는 장식적인 흡음 패널을 구입할 수도 있다.

❷ 중실문으로 교체한다

홈 오피스로 사용되는 방의 문이 비어 있는가? 속이 빈 문은 소리를 효과적으로 차단하지 못하며 방음의 취약점이 된다. 이럴 경우 중실문으로 교체하기 바란다. 문 위에 방음 담요를 걸어도 좋다.

❸ 구멍을 메운다

배관 근처 건식 벽체나 유틸리티 박스를 비롯한 기타 출입 지점에 틈이나 구멍이 있을 경우 소음이 새어 들어갈 수 있다. 이 부분을 전부 봉하기 바란다.

❹ 새로운 페인트칠을 한다

실제로 방음 페인트가 판매되고 있다. 방음 페인트는 소음을 30퍼센트나 줄일 수 있다. 특정한 방을 홈 오피스로 꾸밀 경우 새로운 페인트칠은 방의 인테리어 색상을 바꾸고 방음까지 할 수 있는 좋은 기회다.

❺ 차음용 커튼을 건다

밖에서 들리는 소음이 문제라면 소음을 차단하는 특수 커튼을 문에 걸기 바란다. 자연광은 어느 정도 포기해야겠지만 인공조명으로 대신하면 된다.

❻ 국지적으로 소음을 차단한다

업무에 집중하기 위해 가정에서 들리는 일상적인 소음을 제거하려면 백색 소음 장치를 이용하면 된다. 이는 인근 공사 현장 소리나 근처 아파트에서 들리는 일상적인 소리 등 귀에 거슬리는 소음을 덮어준다. 외부 소음 제거 헤드폰 역시 상대적인 적막을 유지하는 훌륭한 방법이 될 수 있다.

❼ 전문적인 방법을 시도한다

가정 내 소음이 업무에 방해가 되거나 업무 중 발생하는 소음이 가정에 방해가 될 경우 보다 확실한 해결책이 필요할 수 있다. 방음 패널이 부착된 벽을 세우거나 흡음 천장 타일을 설치하거나 문 봉쇄 키트를 이용할 수 있다. 전부 비싸고 수고가 드는 방법이므로 음향 전문가와 상의하기 바란다.

다용도 공간

차고, 지하실, 막힌 현관, 다락은 전부 홈 오피스로 꾸밀 수 있는 훌륭한 잠재 공간이다. 하지만 이 같은 장소를 활용하려면 대부분 구조적인 작업이 필요하다. 난방과 냉방은 물론 쾌적한 업무 환경이 되도록 적정한 환기도 필요하다. 필요한 장치를 연결하고 적절한 조명을 갖추기 위해 전기 서비스를 업그레이드해야 할지도 모른다. 안전 문제도 잊지 말기 바란다. 허물어진 차고나 얇은 마룻장은 안전한 업무 공간이 될 수 없다.

새로운 공간을 만족할 만한 홈 오피스로 바꾸는 데에는 돈과 시간이 소요될 수 있다. 따라서 정말 필요한 조치인지 확신이 있어야 한다. 독립적이고 확 트인 홈 오피스는 간소화될 수 없는 업무에 이상적이다. 가령 프리랜서로 일하는 그래픽 디자이너는 공간을 많이 차지하는 값비싼 기술 장비, 각기 다른 업무를 위한 별도의 장소, 인쇄물을 비롯한 기타 자료를 저장할 넉넉한 수납공간이 필요하다. 바닥 면적이 넓은 홈 오피스 공간이 필요할 수밖에 없다.

홈 오피스에 필요한 장소를 결정한 뒤 고려해야 하는 또 다른 사항이 있다. 이러한 개조가 집의 가치에 미치는 영향이다. 되팔 때 집의 가치에 안 좋은 영향을 미친다면 성공적인 홈 오피스라 할 수 없다. 개조한 방이 집의 가치에 긍정적인 영향을 미치도록 하라. 그러기 위해서는 전문가를 고용해야 한다. 자격증이 있는 사람, 내가 원하는 것과 비슷한 작업을 해 본 경험이 있는 사람으로 잘 알아보고 관련 사항을 전부 기록으로 남기기 바란다.

하지만 다락이나 지하실을 홈 오피스로 개조할 경우 이 공간을 나중에 다시 거실로 바꿀 수 있어야 할지도 모른다. 다시 말해 이는 집을 업그레이드하는 것이며 개조 비용 중 일부는 세금 공제를 받을 수 있다(자세한 내용은 119페이지를 참고하기 바란다).

공간을 완전히 개조하지 않을지라도 표면과 마감재만 업그레이드해도 전문적인 사무 공간 같은 근사한 분위기를 낼 수 있다. 물론 피상적인 이유 때문에 그래야 하는 것은 아니다. 업무 공간의 시각적인 모습을 개선할 경우 일하는 이의 정신 상태와 업무를 대하는 자세에도 긍정적인 영향을 미치게 된다.

충분한 환기, 적절한 조명, 넉넉한 머리여유 공간 같은 특징을 갖출 경우 이 같은 다락은 괜찮은 업무 공간이 될 수 있다.

개조한 다락은 혼잡하고 시끌벅적한 집 안에서 동떨어진 편안하고 조용한 홈 오피스가 될 수 있다. 민감한 자료를 다루는 사람이라면 보안상의 문제에서도 큰 이점을 누릴 수 있다.

다락 오피스

다락을 홈 오피스 공간으로 바꾸려면 우선 잠정적인 평면과 다락의 기존 특징을 제대로 파악한 뒤 최소의 비용과 시간, 수고만으로 이 공간을 편안한 업무 공간으로 바꿀 수 있을지 판단해야 한다.

우선 낮 시간 다락의 낮 온도를 점검하기 바란다. 집안의 열은 대부분 다락에 집중되곤 하는데 초여름에서 가을까지 이는 큰 문제가 될 수 있다. 팬이나 에어컨을 설치할 수는 있겠지만 창문이 없거나 작은 창문 한 개만 있는 다락은 홈 오피스로 사용하기에 적절하지 않다.

고려해야 할 또 다른 주요 사항은 머리 여유 공간이다. 홈 오피스를 돌아다니는 동안 기울어진 천장이나 서까래를 피하기 위해 계속해서 머리를 수그려서는 안 된다. 머리 여유 공간이 부족할 경우 지붕창—DIY로 할 수 없는 큰 공사다—을 한 두 개 설치하면 된다.

홈 오피스로 이용할 다락 공간에는 편하게 이용할 수 있는 전기 콘센트가 있어야 하며 컴퓨터, 장비, 조명에 필요한 충분한 전력량이 공급되어야 한다. 전기기사를 고용해 회로를 업그레이드하거나 콘센트나 스위치를 설치하는 데에는 비용이 많이 들지는 않지만 이 다락을 홈 오피스로 이용하는 것이 과연 옳은 선택인지 진지하게 생각해봐야 한다.

조명은 또 다른 중요한 고려 사항이다. 조명에 관한 보다 자세한 정보는 87페이지를 참고하기 바란다. 다락 오피스로 들어오는 자연광을 반사하기 위해 거울을 설치할 수 있다. 방 안으로 들어오는 빛을 방 안에 퍼뜨리는 분산 렌즈가 달린 작은 천창 튜브인 태양열 튜브를 설치해도 좋다. 천창을 내는 비용에 비해 아주 적은 비용으로 지붕에 설치할 수 있으며 DIY 경험이 풍부한 사람이라면 직접 할 수도 있다.

지하실 오피스

집의 꼭대기가 그런 것처럼 집의 지하 역시 잠재적으로 훌륭한 홈 오피스 공간이 될 수 있다. 하지만 둥근 구멍에 사각형 못을 우겨 넣지 않도록 주의하기 바란다. 지하실 오피스의 가장 큰 문제는 물 침투, 눅눅한 상태, 곰팡이 문제다. 수분이 많은 공간에서 업무 관련 문서를 다루고 싶은 사람은 없을 것이다. 높은 습도는 컴퓨터나 프린터 같은 장비에도 좋지 않은 영향을 미친다. 지하실의 습도가 언제나 높다면 잠정적인 홈 오피스 공간으로 적정하지 않다.

물이 새지 않고 완전히 혹은 거의 지하에 위치하며 완성된 공간일 경우 조용하고 편안한 홈 오피스로 이상적이다. 지하실은 다락처럼 집 안의 바쁜 공간에서 떨어져 있기 때문에 집중하기에 좋으며 필요할 경우 전기 콘센트를 추가하기도 쉽다. 완전한 지하실은 연중 내내 일정한 기온을 유지하기 때문에 하루 종일 편안한 환경을 제공할 수도 있다.

완성된 지하 공간의 단점은 자연광 부족이다. 어떠한 사람들에게 이는 포기할 수 없는 조건이다. 자연광 부족은 일하는 사람의 기분과 정신 상태에 지대한 영향을 미치기 때문에 지하실의 조명은 꼼꼼히 설계해야 한다. 자연광 부족 문제를 어느 정도 해결하는 SAD 조명(90페이지를 참고하기 바란다)을 설치할 수 있지만 자연광을 대체할 수는 없다.

완성된 지하 세탁실에 마련한 이 기능적인 홈 오피스는 따뜻하고 쾌활한 할로겐 조명을 설치해 편안하고 아늑한 분위기를 연출했다.

일거양득의 효과를 보고 싶은가? 절반은 간이차고로 열어두고 절반은 닫힌 공간으로 꾸미면 된다. 사진 속의 차고문은 투박한 헛간 문으로 교체했으며 떨어져 있는 차고는 새로운 외장재와 단열재를 사용해 개조했다.

차고 오피스

집에 차고가 있다면 이 공간의 전부 혹은 일부만이라도 오피스로 바꿀 수 있다. 여러분은 편안하게 일할 수 있는 넓은 공간과 가족 차를 보관할 편안한 실내 주차 공간 중 어떠한 공간이 더 중요한가?

차고가 두 공간으로 나뉘어 있다면 이 둘을 모두 취할 수 있다. 단 한 쪽은 오피스로 개조하고 다른 쪽은 차고로 둘 수 있을 만큼 넓은 차고여야 한다. 어떤 경우든 주택 옆에 딸린 차고는 집과 아주 가깝기 때문에 홈 오피스로 꾸미기 좋다. 차고가 집과 면하는 벽의 개수에 달려 있기는 하지만 실내 난방기와 성능 좋은 선풍기만 있다면 사계절 내내 비교적 편안한 환경을 누릴 수 있다.

차고 공간이 실내 홈 오피스처럼 보이고 그렇게 느껴지게 만들려면 약간의 개조가 필요하다. 이는 여러분이 이 공간에 바라는 모습과 예산에 달려 있다.

벽부터 시작해 보자. 차고를 단열하고 건식 벽체를 매다는 일은 큰돈이 들지 않는 공사로 별도의 기술이나 전문지식이 필요 없다. 주말에 뚝딱 할 수 있는 일로 차고의 모습과 분위기를 단번에 바꿀 수 있는 조치다.

그 다음에는 바닥이다. 콘크리트는 홈 오피스로 사용하기에 편안한 표면재가 아니다. 다행히 사용하기 쉽고 붙이기도 쉬운 바닥 타일이 많다. 대부분 시간이 흐르면 발에 닿는 느낌이 편안해지는 부드러운 표면을 제공한다.

차고문은 차고를 홈 오피스로 개조할 때 가장 큰 문제가 되는 부분이다. 대부분의 경우 문 가장자리에 틈마개를 끼워 넣고 문 아래에는 스위프 고무마개 같은 마개를 끼워 넣어 해결할 수 있다. 차고문이 노후할 경우 이번 기회에 교체하기 바란다.

마지막으로 공간의 조명을 생각할 차례다. 기존에 설치한 천장등은 분명 홈 오피스 조명으로는 부족할 것이다. 조명에 관해서는 87페이지를 참고하기 바란다.

현관 오피스

막힌 현관은 홈 오피스로 사용하기에 적절한 공간이 될 수 있다. 방충망이 아니라 창문으로 가려져 있고 현지 날씨가 극단적인 변화를 보이지 않는 경우로 한정되지만 현관 오피스는 독보적인 경치를 제공하고 집안의 다른 활동에 영향을 미치지 않고도 쉽게 드나들 수 있는 공간이라는 장점이 있다.

대부분의 현관은 전기 서비스가 들어오지 않기 때문에 이 공간에 홈 오피스를 마련할 경우 이 문제를 해결해야 한다. 다행히 거의 사계절 내내 우리가 필요한 전기를 공급하는 공간으로 현관을 꾸밀 수 있도록 일체형 서비스를 제공하는 기업들이 있다.

현관을 홈 오피스로 이용할 생각이라면 장비의 보안에 특히 신경을 쓰기 바란다. 현관은 노출되어 있으며 외부에서 쉽게 접근할 수 있기 때문이다. 책상과 컴퓨터 모니터를 어디에 놓을지도 잘 생각해야 한다. 낮 시간에는 각기 다른 방향에서 자연광이 듬뿍 들어올 확률이 높기 때문이다.

막힌 현관은 홈 오피스로 사용하기 훌륭한 장소다. 옥외 데크가 달린 옥상 내에 마련한 이 홈 오피스는 훌륭한 경치를 누릴 수 있을 뿐만 아니라 보통 외부 공간으로 인식되는 독특한 장소를 하나의 온전한 장소로 이용할 수 있게 해준다.

사용이 적은 이 뒷베란다는 홈 오피스로 꾸미기 좋은 장소다. 너무 덥거나 춥지만 않다면, 그리고 커튼을 걸어 빛을 조절하고 프라이버시를 보호할 경우 유리창과 문은 요긴하게 사용될 수 있다.

별채

모든 재택근무자가 뒤뜰에 별도의 오피스를 둘 수는 없겠지만 그러한 공간이 있다면 이는 홈 오피스로 사용하기에 훌륭한 장소가 될 수 있다. 이러한 홈 오피스를 마련하려면 품도 예산도 많이 들기 때문에 향후에 직원을 고용할지도 모르는 작은 사업체나 고객을 맞이할 공식적인 공간이 필요할 경우에 적합하다. 별채가 이미 지어진 상태가 아니라면 이를 세울 수 있는 꽤 넓은 마당이 필요하기도 하다. 이 같은 오피스는 집과는 완전히 단절된 홈 오피스를 원하며 DIY 프로젝트에 거부감이 없는 사람에게 훌륭한 대안이 될 수 있다.

이러한 홈 오피스를 꾸밀 수 있는 세 가지 방법으로는 새로운 건물을 짓는 법, 기존의 창고나 별채를 개조하는 법, 조립식 건물을 구매하는 법이 있다. 대부분 마지막 방법이 가장 선호되는데 집주인 입장에서 큰 노력을 들이지 않아도 되고 빠르게 설치할 수 있는 일괄 공급 방식이기 때문이다. 하지만 이는 가장 비싼 방법이기도 하다.

어떠한 경우든 별도의 구조물을 세울 때 고려해야 하는 점들이 있다. 우선 별도의 업무 공간을 세우지 못하도록 하거나 큰 제재를 가하는 현지 조닝이나 주택 조합 규칙이 있는지 살펴봐야 한다. 그러한 규칙이 없다 하더라도 현지 건축 법규에 따라 연도 제한선(새로운 건물이 땅의 경계에 얼마나 가까이 놓일 수 있는지 제한하는 선)이나 배관과 전선 작업을 할 수 있는 방법과 위치 같은 중요한 고려사항이 규제받을 수 있다.

사진에서와 같은 조립식 건물은 업무에 방해가 되지 않도록 집에서 멀찍이 떨어진 사무실을 마련하기 위해 택할 수 있는 일괄 공급 방식이다.

기존 창고나 별채

우선 구조물의 상태를 점검하자. 다음과 같은 질문을 던져보기 바란다.

- ✔ 구조적으로 튼튼한가?
- ✔ 내후성이 있는가? 그렇지 않다면 어떻게 하면 내후성을 갖출 수 있는가?
- ✔ 창문이 있는가?(자연광은 쾌적한 업무 환경에 아주 큰 영향을 미친다)
- ✔ 서비스(전기/배관)가 갖춰져 있는가? 그렇지 않다면 그러한 서비스의 설치가 용이한가?
- ✔ 사무용 가구와 장비를 설치할 여분의 공간이 있는가?
- ✔ 공사 비용은 얼마나 들 것이며 공사 기간은 얼마나 될 것인가(이 공간이 필요할 시기와 관련해 생각하기 바란다).

합판 마루나 스터드 앞에서 지레 겁먹지 말기 바란다. 연장 도구를 보관하는 작은 창고도 생각보다 쉽게 안락한 홈 오피스로 개조할 수 있다. 개구부를 잘라내고 창문을 설치하는 것조차 그다지 어렵지 않다. 벽의 좁은 틈새는 얇은 절연판으로 단열할 수 있다. 편안한 공간을 연출할 수만 있다면 실내 공간에 해당하는 높은 기준에 맞춰 개조할 필요가 없다. 표준보다 얇은 건식 벽체면 충분하며 이는 경제적인 선택이기도 하다(천장에도 단열재를 설치하고 피복해야 한다). 창문을 바꿀 수도 있지만 예산이 빠듯하다면 창문의 내후성을 높이기 위해 단열 필름 같은 제품을 써도 된다.

대부분의 현지 법규는 구조를 변경하지만 않는다면 기존 창고를 살짝 변경하는 공사는 규제하지 않는다. 물론 창고를 홈 오피스로 바꾸는 공사에 들어가기 전에 현지 건물 관리부에 확인하는 것을 잊지 말아야 한다. 전력이 공급되지 않는 창고에 전력을 공급하는 작업은 큰 공사-전문가를 고용하고 허가를 받아야 하는 일-에 해당한다. 익스텐션 코드를 사용해 전력을 끌어올 경우 전력량과 회로에 금세 지나친 부담을 주기 때문에 바람직한 선택이 아니다. 게다가 연장 코드는 옥외에 장기간 노출되어서도 안 된다.

정원에 세워진 구조적으로 튼튼한 이 작은 창고는 단순하고 기능적인 홈 오피스로 쉽게 개조할 수 있다.

가능한 공간과 예산에 맞춰 이미 완성된 창고 내에 넉넉한 공간을 제공하며 전기, 조명, 심지어 배관 시설까지 완비된 홈 오피스를 마련할 수 있다.

새로운 건물

새로운 건물을 지을 경우 나의 업무와 선호하는 업무 방식에 맞는 나만의 홈 오피스를 꾸밀 수 있다. 이는 빛이 한가득 들어오는 큼지막한 창문, 천창처럼 쾌적한 업무에 도움이 되는 새로운 요소를 추가할 수 있는 기회이기도 하다. 하지만 이 모든 이점을 누리는 데에는 큰 비용이 수반된다. 아래 사항을 점검하면서 가능성을 생각해 보자.

- ✔ 어떠한 크기의 구조물이 필요한가, 기존 건물을 이용할 수는 없는가?
- ✔ 현지 조례와 구역법은 이 같은 새로운 별채에 어떠한 규제를 가하는가?
- ✔ 건물의 구체적인 모습을 현지 건물규제부가 승인할 만큼 고품질로 그릴 수 있는가?
- ✔ 꼼꼼한 작업으로 유명한 신뢰할 만한 건축업자가 인근에 있는가?
- ✔ 건식 벽체를 걸고 페인트칠을 하는 등 마감공사를 직접 할 수 있는가?
- ✔ 더 이상 홈 오피스로 사용되지 않거나 이사를 나갈 때 건물을 (손님용 방처럼) 다른 유용한 공간으로 쉽게 개조할 수 있는가?

건설업자를 고용해 일을 맡겨도 좋고 DIY 경험이 풍부한 사람이나 공예가라면 직접 공사를 할 수도 있지만 큰 비용이 들더라도 조금 더 간편하게 홈 오피스를 마련하려면 조립식 건물을 이용하면 된다. 조립식 창고는 (수납 창고와는 달리) 기본적인 시설에서 굉장히 호화로운 시설에 이르기까지 다양하며 온갖 제조업체에 제작한 수많은 디자인 가운데 선택할 수 있다. 이 같은 창고는 대부분 전선만 연결하면 되는 상태로 제공된다. 제조업체가 우리가 원하는 장소로 제품을 배송하면 현지 입찰을 통해 선정된, 조립식 창고 설치 경험이 있는 기사가 설치를 담당하게 된다.

별도의 창고를 마련하려면 큰 예산이 소요된다. 따라서 집을 본거지로 삼아 사업을 하는 사람이나 전문직 종사자에게나 적합하다. 집안에서 완전히 분리되되 집과 너무 멀리 떨어진 곳은 바라지 않는 이들에게 이 같은 홈 오피스는 바람직한 선택이 될 수 있다.

이처럼 큰 구조물을 뒤뜰에 설치할 경우 풍경을 해치지 않도록 주의해야 한다. 미적인 측면 때문만은 아니다. 뒤뜰에 설치된 구조물은 집의 시장 가치에 큰 영향을 미친다. 차고가 풍경에 자연스럽게 녹아들며 자산의 가치를 떨어뜨리지 않게 하려면 집의 외부 색상과 맞추거나 최소한 이 색상에 어울리도록 해야 한다. 창고 주위에 조경을 조성해 구조물이 공간의 일부처럼 보이도록 만들어도 좋다.

사진에서 보이는 것처럼 홈 오피스를 마련하기 위해 반드시 거대한 창고가 필요하지는 않다. 사진에서와 같은 작은 창고는 뒤뜰 면적을 적게 차지하면서도 대부분의 홈 오피스에서 필요로 하는 거의 모든 공간을 제공한다.

허가와 전문가

기존 방을 홈 오피스로 개조하든, 성장하는 사업을 위해 새로운 창고를 세우든, 가장 먼저 물어야 할 질문은 다음과 같다. "허가가 필요한가?" 벌금을 물거나 공사 중단 명령이 내려지는 일을 겪고 싶은 사람은 없을 것이다. 건물 관리 부서에 가면 쉽게 명쾌한 답을 얻을 수 있다. 하지만 일반적으로 구조적인 변화를 하거나 (전기나 배관 같은) 시설을 변경할 경우 허가가 필요할 확률이 높다.

직접 이 일을 처리하고 싶지 않은가? 그렇다면 여러분이 고용한 전문가에게 이 업무를 부탁해도 좋다. 여기에서 핵심은 "전문가"이다. 일반적인 도급업자를 고용하든, 배관공이나 전기 기사를 고용하든, 담당자가 보험에 가입해 있고 관련 자격증이 있는지 반드시 확인해야 한다. 관련 사실을 증명하는 자료를 확보하기 바란다.

난방과 냉방

기존 방 안에 사무실을 마련하든 지하실이나 다락같은 다용도 공간을 개조하든, 차고나 별채에 별도로 홈 오피스를 마련하든, 작업 공간의 기온과 공기 질을 제어하는 일은 아주 중요하다. 제습기를 사용하거나 HVAC(단열, 환기, 에어컨) 시스템을 설치하는 등 다양한 해결책 가운데 선택하기 바란다.

❶ 난방

실내 난방기는 홈 오피스를 단열할 때 쉽게 선택하게 되는 방법이다. 열은 위로 올라간다는 점을 명심하자. 층고가 높을 경우 성능 좋은 난방기가 필요하다는 뜻이다. 난방기의 전력 등급은 용량을 가늠할 수 있는 기준이다. 얼마나 높은 전력이 필요할지 판단하려면 공간의 면적에 10을 곱하면 된다.

이 같은 단순한 복사 난방기는 다리나 상체를 따뜻하게 해주는 등 '국부' 난방을 하기 좋다.

난방 장치의 종류는 다양하다. 대류 가열기는 팬을 이용해 내부 발열체 내에 공기를 순환시킨 뒤 밖으로 배출한다. 이는 공간 전체를 덥히는 데 유용하므로 창고 내 마련한 홈 오피스 같은 공간을 단열하는 데 가장 적합하다. 복사 난방기는 팬이 없으며 발열체에서 밖으로 열을 발산하기만 한다. 책상이나 바닥 면적을 차지하지 않도록 벽에 부착하는 형태로도 구입할 수 있다. 전기 히터나 적외선 히터 중 선택하면 되는데 책상처럼 특히 추운 부위의 난방에 가장 적합하다. 작은 방열기처럼 생긴 오일 충전식 난방기도 있다. 마이카서믹 난방기는 대류 난방과 복사 난방을 결합해 팬 없이도 난방을 제공하는 기술로 자연적인 대류를 통해 공기를 순환한다. 어떠한 난방기를 선택하든 살짝 스칠 수밖에 없는 겉 부분이 뜨겁지 않도록 설계되었는지, 과열될 때나 난방기가 쓰려졌을 때 작동되는 자동 차단 스위치가 있는지 살펴야 한다. 차음 기술, 프로그램 가능한 온도 조절 장치, 에너지 절약 모드는 모두 훌륭한 기능으로 추가 비용을 지불할 가치가 있다.

난방기 대신 온돌을 깔 수도 있다. 온돌은 우리의 발이 닿는 마루재 아래 설치해야 한다. 공간을 개조하거나 창고에 홈 오피스를 마련할 생각이라면 온돌 공사를 할 수 있다. 그렇지 않을 경우 손발을 덥힐 수 있는 소형 바닥 매트를 까는 편이 간편하다.

❷ 냉방

홈 오피스의 가장 기본적인 냉방 장치는 창문과 팬이다. 천장에 달린 팬은 비교적 서늘한 지역에 산다면 놀라울 정도로 효과적인 해결책이 될 수 있다. 하지만 더운 계절 다락이나 별채, 남향집에서는 에어컨이 필요할지 모른다. 창문에 설치하는 에어컨은 방의 온도를 제어하는 훌륭한 방법이다. 창문에 에어컨을 부착할 수 없다면 창문 지지대에 연결된 호스를 통해 환기할 수 있는 "이동식" 에어컨을 이용하면 된다. 창문에 설치하는 에어컨과 이동식 에어컨 둘 다 빌트인 제습제나 리모콘, 탄소 에어필터 같은 추가 장치들이 필요하기 때문에 비용이 많이 들 수 있다.

미니 스플릿은 창고에 마련한 홈 오피스 같은 장소나 방에 난방, 냉방, 환기 기능을 제공할 수 있다.

❸ HVAC 시스템

지하실이나 다락, 차고 같은 다용도 공간은 원하는 대로 맞춤화가 가능하기 때문에 홈 오피스를 꾸미기에 이상적인 장소다. 하지만 이 같은 공간은 보통 단열이 되어 있지 않으며 효율적인 환기 장치도 갖춰져 있지 않다. 예산을 더 투자할 생각이라면 집의 HVAC 시스템을 오피스에도 설치할 수 있다. 그렇게 하려면 방 전체 시스템을 업그레이드해야 한다. 하지만 앞서 살펴본 냉방과 난방 장치만으로 충분하지 않으며 전체 HVAC 시스템을 개조할 수 없다면 미니 스플리트 시스템을 설치해야 할지도 모른다. 이는 벽에 설치하는 시스템으로 난방과 냉방, 환풍이 가능한 장치다. 한 장치에만 전력을 공급하면 되기 때문에 비용이 절감되는 데다 쉽게 쾌적한 상태를 구현할 수 있다. 팬을 원하는 방향으로 조절하고 송풍 전력을 통제할 수도 있으며 특정한 속도와 온도로 세팅할 수도 있다.

SETTING UP YOUR HOME OFFICE

나만의 홈 오피스 꾸미기

홈 오피스를 마련할 완벽한 장소를 찾았다면 이제 설계를 시작할 차례다. 평면, 책상 배치, 기술 장비, 가구를 결정해야 하며 오랜 시간 머물고 싶은 홈 오피스가 되도록 색상과 장식품도 골라야 한다.

붙박이형 수납 가구나 맞춤형 수납 가구는 업무 공간에서 필요한 수납을 오롯이 확보할 수 있는 훌륭한 방법으로 통일감 있으면서도 매력적인 외관을 선사한다.

붙박이나 맞춤형 수납가구는 통합적이고 매력적인
분위기를 연출하는 가운데 업무공간에 필요한
수납을 전부 확보할 수 있는 훌륭한 방법이다.

THE PLAN

평면

계획한 공간이나 방을 자신이 구상한 완벽한 홈 오피스로 바꾸려면 먼저 해당 공간의 특징을 파악해야 한다. 공간의 크기, 개구부의 위치, 전기 콘센트나 폰 잭 같은 서비스의 위치, 채광을 살피기 바란다. 우선 가능한 공간의 크기부터 정확히 측정해야 한다. 바닥면적과 층고를 재기 바란다. 방 한 쪽 구석을 사용하거나 방을 나눠서 한 쪽은 오피스로, 다른 한 쪽은 일반적인 용도로 사용할지라도 방 전체의 크기를 측정해야 한다. 이 과정을 통해 우리는 구상 중인 오피스가 제대로 기능할지, 방과 집 전체에 어떠한 영향을 미치며 어울리기는 할지 정확히 그려볼 수 있다.

그려보자!

이제 모눈종이나 스케치북을 꺼내 직접 그려보자. 지우고 다시 그릴 수 있도록 펜이 아니라 연필을 사용하기 바란다. 방금 잰 측정치를 바탕으로 방의 대략적인 윤곽을 그린다. 1피트를 1인치로 그리는 편이 가장 쉽고 유용하다. 다른 스케일을 사용해도 좋지만 효과적이고 쓸 만한 개요를 얻으려면 가능한 크게 그리기 바란다.

방의 기본적인 윤곽이 완성되었다면 세부적인 사항을 그려 넣을 차례다. 종이에 가구를 그린 다음 오려내 도면에 직접 배치하면서 다양한 위치를 시도해볼 수도 있지만 원하는 곳에 그냥 가구를 그려 넣어도 좋다. 사무용 책상과 의자, 수납가구 등을 배치해 보며, 원래 있던 가구를 그려 넣는 것도 잊지 말기 바란다. 가구의 비율은 정확히 맞춰야 하지만 지나치게 꼼꼼히 그릴 필요는 없다. 각 가구가 무엇을 의미하는지 알아볼 수 있을 정도의 기본적인 덩어리면 충분하다.

사진에서와 같은 자세한 평면도는 필요 없지만 꼼꼼하고 정확하게 기록할수록 가구의 크기, 조명, 전력 공급과 관련된 문제를 사전에 해결할 수 있다.

이제 창문과 문의 위치를 표시할 차례다. 문이 열리는 방향을 둥근 화살표로 표시하는 것도 잊지 말기 바란다. 이제 파일 서랍장이나 기타 수납 가구의 개구부를 측정하고 표시한 뒤 마지막으로 유선 조명 시설, 전기 콘센트, 폰 잭의 위치를 작게 그려 넣기 바란다. 이제 다른 종이나 도면의 한 쪽에 핵심 정보를 적어 넣는다. 완성된 스케치의 예시가 아래 나와 있다.

채광

홈 오피스로 선택한 방에 자연광이 얼마나 들어오는지 반드시 파악해야 한다. 우리는 대부분 낮 시간에 일한다. 자연광이 업무 공간에 줄곧 영향을 미친다는 얘기다. 자연광이 들어와 환한 방은 포근한 느낌을 주기 때문에 어둡고 우중충하며 막힌 공간보다 일하기 좋다. 남동향이나 동향 방이 홈 오피스로 사용하기 좋은 이유다.

일반적인 채광 외에 햇빛이 창문을 통해 들어오는 방식도 고려해야 한다. 가령 겨울철에는 태양이 낮게 떠 있다. 홈 오피스를 꾸밀 때, 특히 모니터나 컴퓨터 스크린을 배치할 때 이 점을 반드시 고려해야 한다. 레이아웃을 정하기 전에 다음과 같은 질문을 던져보자.

- ✔ 창문을 통해 들어오는 햇빛 때문에 방 안의 특정한 지점이 다른 지점보다 더 뜨거운가?(의자를 그곳에 놓는다면 쾌적하지 않을 것이다)
- ✔ 시간대별로 창문을 통해 들어오는 빛의 각도는 어떻게 다른가? 이에 대한 답을 알아내려면 하루 종일 관찰해야 하지만 이 정보를 사전에 파악해둘 경우 장기적으로 겪게 될 문제를 미연에 방지할 수 있다.
- ✔ 내가 생각한 곳에 의자를 놓을 경우 태양이 눈에 직접 내리쬐는가?
- ✔ 내가 앉게 될 곳 뒤 쪽에 햇살이 내리쬐는가, 비스듬하게 비춰 화면을 눈부시게 만들지는 않는가? 이 질문에 대한 답이 "그렇다"일지라도 반드시 새로운 배치를 시도해야 하는 것은 아니다. 블라인드나 커튼으로 햇빛을 가리는 방법도 있다.

자연광이 부족할 경우 인조 조명으로 보충할 수 있다. 인종 조명이 필요할지, 어떠한 조명을 선택하면 좋을지 등에 관해서는 87페이지를 참고하기 바란다.

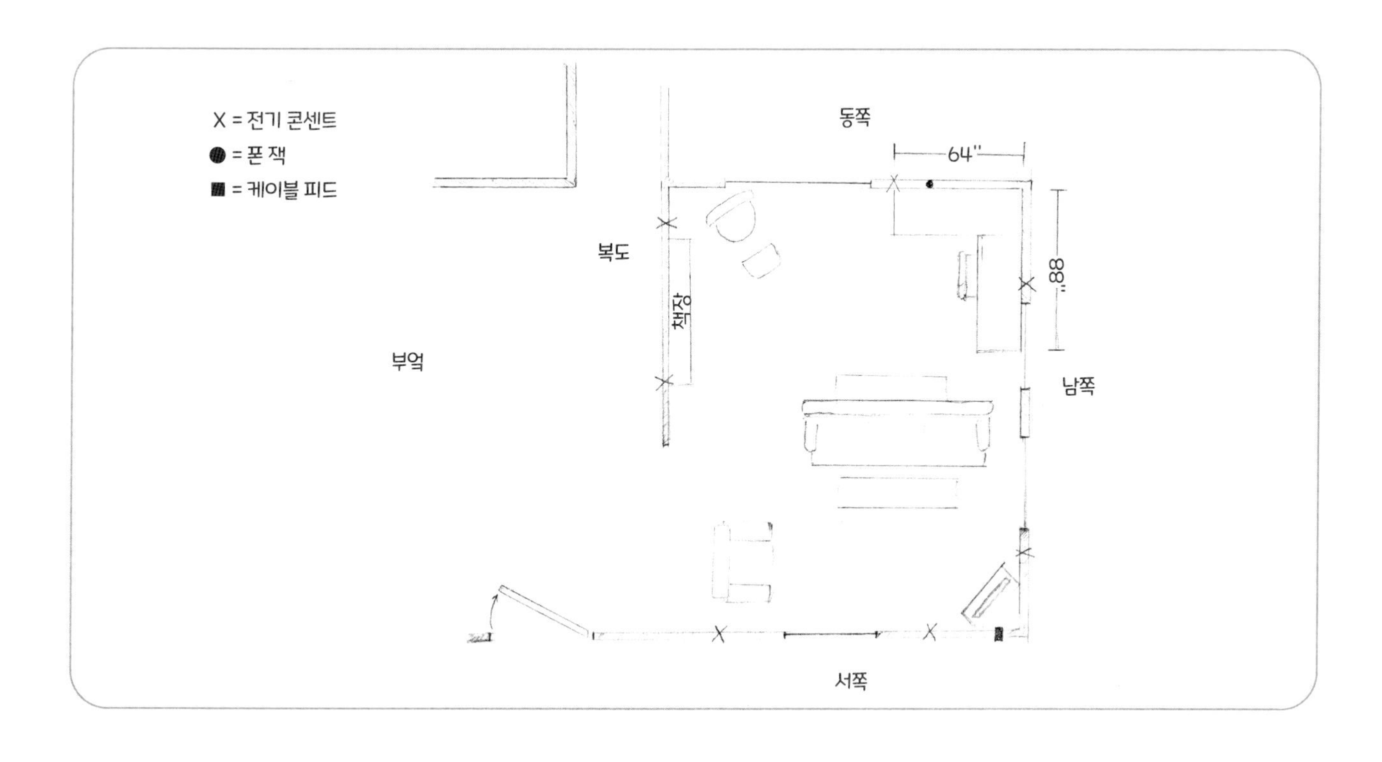

3D FLOOR PLAN IDEAS

3D 평면 아이디어

평면만으로는 실제로 공간을 어떻게 꾸며야 할지 쉽게 결정을 내리기 어려울 수도 있다. 가령 파일 캐비닛의 정면과 소파 모서리 사이 공간이 얼마나 될지, 서랍을 완전히 열어 안쪽 깊숙이 놓인 파일을 꺼낼 수 있을지 감이 오지 않을 수 있다. 이러한 부분을 구체적으로 그려보고 싶다면 3D 렌더링을 해보면 된다.

디자이너가 아니라면 손으로 이 공간을 그려보는 일이 쉽지는 않을 것이다. 조바심 내지 않아도 된다. 홈 디자인 소프트웨어를 이용해 세부적인 3차원 스케치를 그려보면 된다. 오늘날 사용 가능한 프로그램을 이용하면 아래 그림에서 보이는 것처럼 3D 캐드(컴퓨터 보조 프로그램) 평면도를 쉽게 그릴 수 있다. 다양한 공간에 홈 오피스를 배치한 모습을 정확히 구상하는 데 도움이 되는 훌륭한 도구로 방의 모습을 미리 파악할 수 있으며 방을 뒤엎은 뒤 가구를 옮긴 다음 원상태로 돌리는 수고를 덜 수 있다. 직접 CAD 평면도를 그리고 싶다면 프로그램을 구입해서 배우거나 온라인 서비스를 이용해도 좋다.

이제부터 일반적인 방의 크기와 형태를 보여주는 사례들을 살펴보도록 하겠다. 공간마다 세부사항은 다르겠지만 결정을 내리는 데 적용되는 원칙은 동일하며 방의 레이아웃을 미리 구상해 문제를 해결하는 이점을 누릴 수 있다는 공통점이 있다. 평면도를 "읽는" 것이 중요하다. 다시 말해 홈 오피스를 꾸미는 과정을 간소화하기 위해 우리가 이용할 수 있는 장단점을 잘 파악해야 한다.

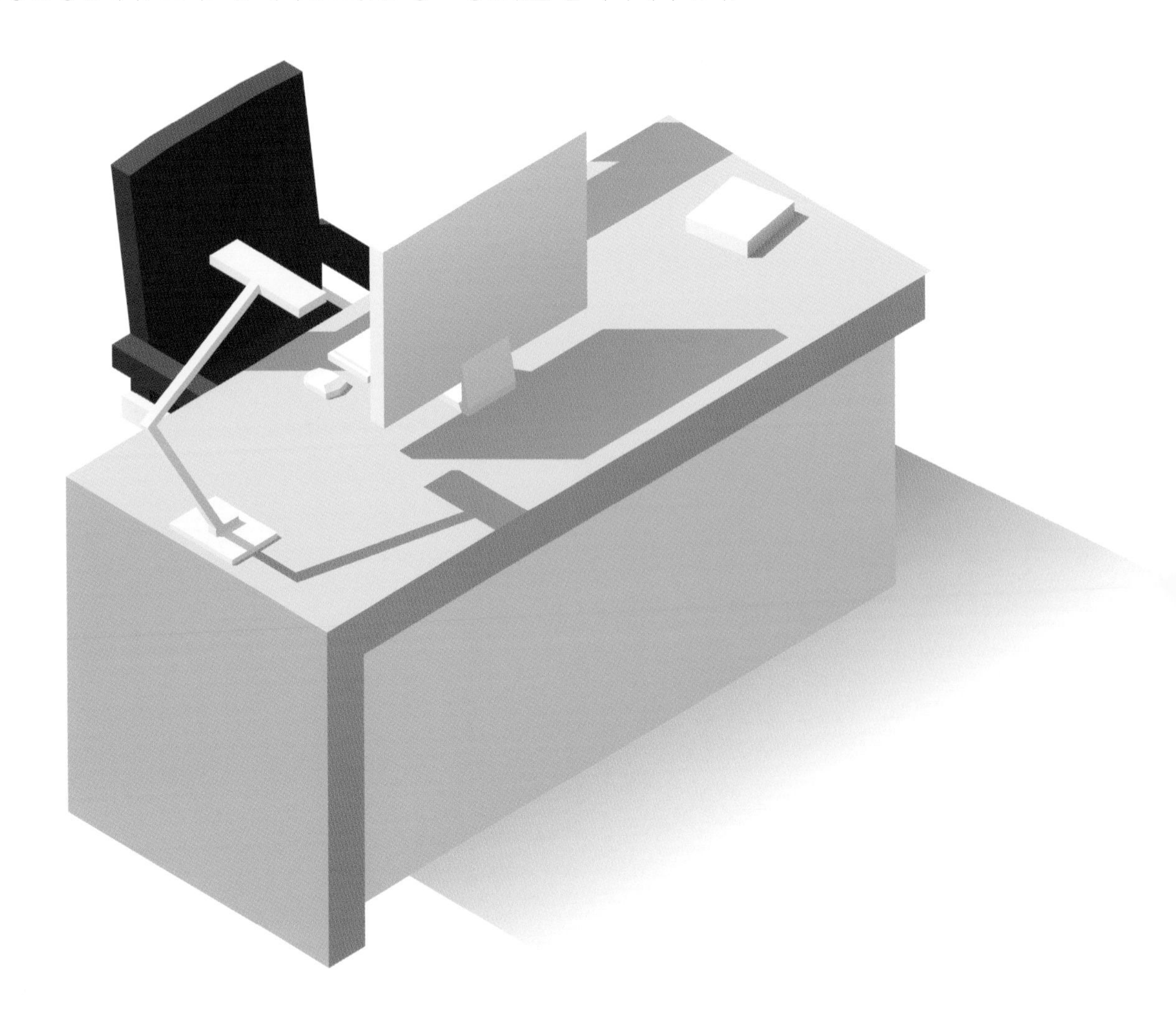

이러한 3D 뷰는 이 거실 같은 좁은 공간의 배치를 결정하는 데 효과적이다. 동쪽을 면하는 창문 때문에 야기될 눈부심 현상을 고려해 책상을 배치했으며 책상을 벽에 붙여 방이 시각적으로 개방적인 느낌을 갖도록 했다. 같은 이유로 다리가 가늘고 긴 책상을 두었는데 이 같은 책상 다리는 빛과 공기가 흐르도록 하며 공간에 개방적이고 경쾌한 분위기를 부여한다.

L자형 방은 설계나 가구 배치가 쉽지 않으며 공간을 구상하기는 더욱 어렵다. 이 사례에서 책상은 죽은 공간이 될 번한 곳을 최대한 사용하기 위해 휴게 공간과 분리된 곳에 배치했다.

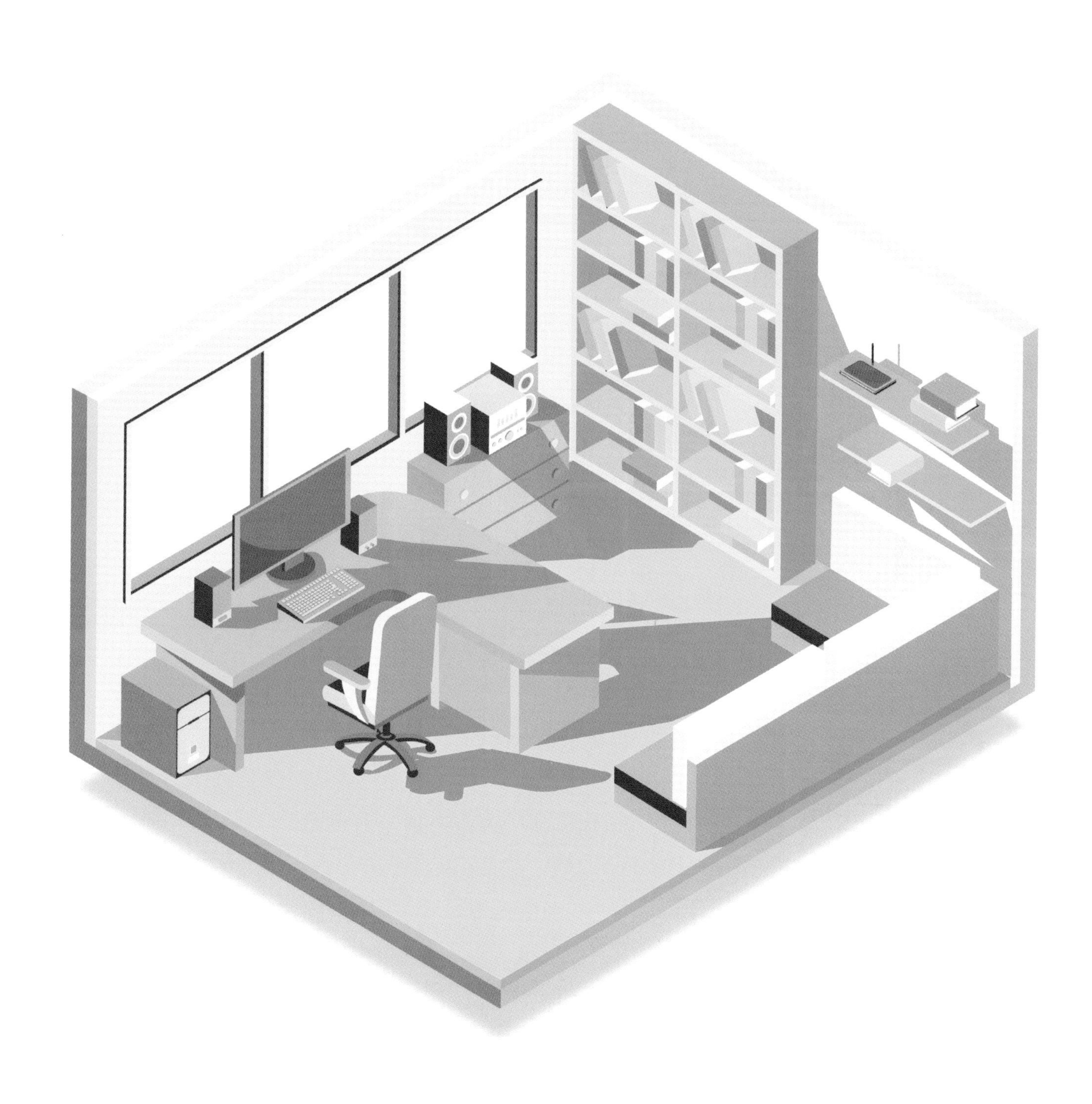

L자형 책상은 홈 오피스에 놓기 쉽지 않은 가구로 효율성을 최대한 높이는 한편 기존 공간을 침해하지 않도록 배치할 때 주의해야 한다. 이렇게 큰 사무용 가구를 중심으로 홈 오피스를 꾸미는 일은 쉽지 않다. 이 사례의 경우 소파와 책상 사이의 공간이 협소하다. 책상의 위치를 바꾸지 않는다면 소파의 위치가 바뀌어야 할 것이다.

이 사례의 경우 벽을 따라 책상을 배치했으며 홈 오피스가 방을 점령하고 있다. 작은 책상과 의자만으로도 일할 수 있다면 바닥 면적을 많이 차지하지 않도록 바닥에서 떠 있는 벽감형 선반에 책상을 넣을 수도 있다.

이 특정한 레이아웃은 사용이 거의 되지 않고 있는 손님용 침실이나 가족실 같은 공용 공간에 효과적이다.
책상의 정면과 모니터 뒷면이 공간을 분리시켜 시각적으로 두 개의 다른 공간이 조성되었다.
이 같은 배치에서는 케이블 잡동사니가 눈에 띄지 않도록 잘 정리해야 하며 일하는 도중 모니터에 반사된 햇빛 때문에 눈이 부시지 않도록 창문을 가릴 만한 장치도 필요하다.

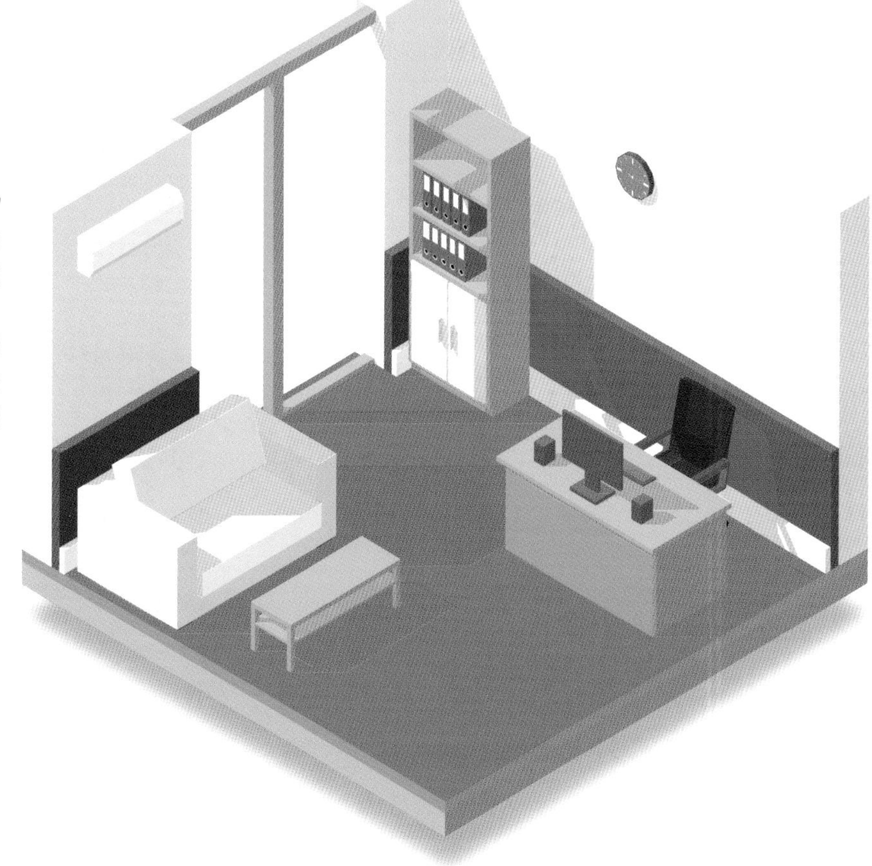

여유 공간이 적은 홈 오피스의 경우 큼지막하고 편안한 소파와 커피 테이블을 놓으면 좋다.
책상에 앉아 일하는 것이 지겨울 때 그곳에서 일할 수도 있기 때문이다. 이 소파는 우리가 보고서를 마칠 때까지 아이들이 앉아 그림을 그리기에도 좋다.

방 전체를 홈 오피스로 사용할 수 있다 할지라도 이상적인 배치를 파악하려면 신중히 생각해야 한다. 가구를 적절히 배치하면 편안한 업무 공간이 될 분만 아니라 장기적으로 기능적인 공간이 될 수도 있다.
이 사례의 경우 이동 동선에 방해가 되지 않고 유동성을 최대한 확보할 수 있는 방향으로 책상을 배치했다. 창문의 위치를 고려해 하루 종일 햇빛이 들어오는 위치에 놓았으며 방으로 들어오는 이들에게 이곳이 업무 공간이라는 인상을 줄 수 있도록 문을 바라보도록 배치했다.

방 전체를 홈 오피스로 사용할 생각이라면 전망을 잘 이용해야 한다. 이 사례에서는 바깥 풍경을 내다보는 한편 자연광으로 인한 눈부심과 잔상을 피할 수 있도록 책상을 배치했다.
이는 꽤 효율적인 레이아웃이기도 하다. 일할 때 필요한 것들이 전부 의자의 이동 반경 내에 놓여 있으며 편안한 소파가 별도의 공간에 위치하고 있다. 업무 공간에서 그리 멀리 떨어져 있지 않은 이 공간은 컴퓨터 화면에서 벗어나고 싶을 때 휴식을 취할 수 있는 편안한 장소를 제공한다.

방 한 쪽 구석에 책상을 놓는 것은 가장 평범한 배치로 죽은 공간을 분리된 업무 공간으로 활용할 수 있는 좋은 방법이다. 다른 가구들의 배치는 완벽하지 않지만 책상의 위치만큼은 나쁘지 않다.

L자형 책상을 구석에 배치하는 것은 방 안, 특히 길고 좁은 침실에 기술 장치가 많이 필요한 업무 공간을 꾸밀 수 있는 훌륭한 방법이다. 구석은 업무 공간이 미치는 시각적인 침해를 최소화하고 여러 대의 모니터, 부속품, 스캐너를 비롯해 정기적으로 사용되는 기타 필수품들을 배치할 수 있는 널찍한 작업 공간을 제공한다.

큰방은 홈 오피스로 사용하기 바람직하지는 않다. 이 방의 목적은 휴식을 취하는 것이기 때문이다. 하지만 다른 방법이 없을 경우 향후 쓰임새를 예상해 꼼꼼히 설계하기만 한다면 효과적인 업무 공간이 될 수 있다. 심리적인 이유에서 책상은 침대에서 멀리 두는 편이 좋다. 업무 중 수면을 취하는 공간을 보지 않도록 하기 위해서다. 어떤 경우든 책상은 가능한 침대에서 멀리 배치하는 편이 좋다.

책상을 벽에 붙이고 벽면을 수납공간으로 사용할 경우 업무와 모니터에 집중하는 홈 오피스 레이아웃을 설계할 수 있다. 이렇게 할 경우 업무에 필요한 것들이 손만 뻗으면 닿을 수 있는 곳에 자리하게 되며 방 건너편에 놓인 TV를 바라보는 일이 없게 된다. 이 사례에서는 공간을 시각적으로 분리하고 책상이 놓인 공간을 더욱 격리시키기 위해 파일 수납장을 놓았다. 책상을 창문 근처에 놓은 배치 또한 바람직하다. 자연광은 정신적으로, 신체적으로 건강한 업무 환경에 도움이 되기 때문이다.

DESK LAYOUT

책상 레이아웃

홈 오피스를 마련할 완벽한 장소를 찾은 다음에는 책상의 레이아웃을 결정해야 한다. 책상의 레이아웃은 홈 오피스에 놓을 다른 가구를 선택하는 데 지대한 영향을 미친다. 이미 가구들이 있는 상태라면 책상과 의자, 수납 가구의 위치를 홈 오피스의 크기와 모양에 맞게 조절하기만 하면 된다.

업무 공간을 계획할 때 가장 먼저 고려해야 하는 사항은 책상의 위치다. 책상은 홈 오피스에서 보통 가장 큰 가구로 홈 오피스의 레이아웃과 디자인을 결정할 때 가장 큰 영향을 미친다. 올바른 곳에 위치한 책상은 편안하고 효율적인 업무 환경을 구축하는 데 도움이 될 수 있으며 책상을 잘 배치할 경우 근무 시간에 발생할 문제를 미연에 예방할 수도 있다.

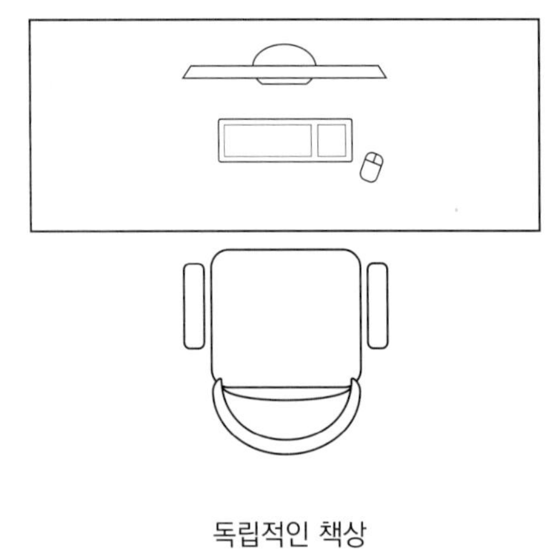

독립적인 책상

독립적인 책상

독립적인 책상은 가장 일반적인 선택으로 어떠한 방에도 적용할 수 있다는 점에서 가장 유연한 레이아웃이다. 책상은 부엌에서처럼 벽을 따라 붙박이로 설치할 수도 있고 앉았을 때 등이 벽을 향하도록 배치할 수도 있다. 집안의 이동 동선에서 벗어난 곳에 놓되 공간의 자연광을 최대한 이용하기 바란다. 책상은 자주 사용하는 물건들을 보관하는 수납 가구와 가까이 놓여 있어야 하기도 한다(홈 오피스에서 독립된 책상들이 대부분 책장 앞에 위치하는 이유다). 이 방법은 책상에서 대부분의 일을 수행하는 사람에게 가장 적합하다.

두 개의 독립적인 책상은 이 방의 가용 공간을 최대한 활용하는 배치로 업무 공간을 두 배로 늘려준다. 방으로의 출입을 가능하게 하고 의자를 움직일 여유 공간을 확보하려면 이 방에서 다른 배치는 사실 불가능하다. 홈 오피스에서 독립적인 책상이 왜 가장 흔한지 보여주는 예시라 하겠다.

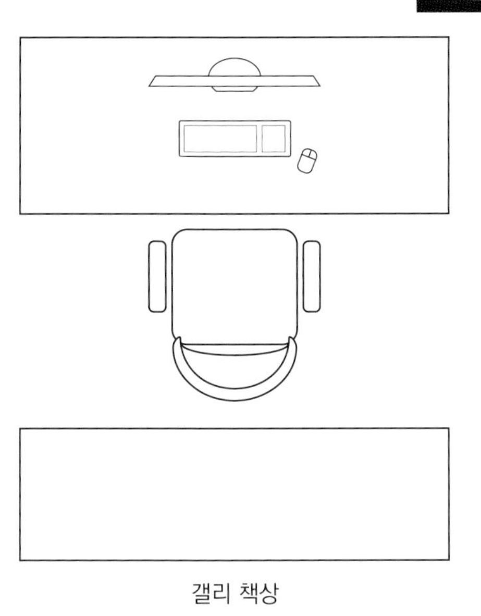

사진에서와 같은 갤리 오피스는 아주 효율적이다. 몸만 돌리면 참고 서적이나 나중에 처리할 서류를 올려놓은 또 다른 책상으로 쉽게 이동할 수 있기 때문이다. 앞쪽에 보이는 책상이 주요 업무 공간으로 컴퓨터가 놓여 있다.

갤리 책상

갤리 배치는 넓은 작업 공간이 필요하며 컴퓨터를 이용하는 시간이 업무 시간의 절반이나 그 이하 밖에 되지 않는 사람에게 이상적이다. 서로 마주보도록 두 개의 책상이나 작업대를 놓는 방식으로 일하는 사람은 이 두 개 책상 사이에 앉게 된다. 이러한 배치에서는 한 쪽 책상에서 일하다가 언제든 의자를 돌려 쉽게 두 번째 책상을 이용할 수 있다는 장점이 있다. 교정을 본 뒤 컴퓨터로 작업하는 편집자나 사건 기록이나 법률 문서를 읽은 뒤 노트북으로 개요서를 작성하는 변호사처럼 여러 업무 사이를 오가는 사람에게 유용하다. 이 같은 배치는 매력적으로 보이지만 바닥 공간을 많이 차지한다는 점을 잊지 말자.

L자형 책상

L자형 책상

작업 공간이 충분하지 못하며 이것저것 벌려놓고 일하기를 좋아하는 이들, 화면과 문서, 참고 자료를 번갈아 살피는 이들, 기존 방에 오피스를 마련해야 하는 이들이 이용할 수 있는 방법이다. L자형 책상은 커다란 책상에 작은 책상을 끼워 넣어 만들거나 커다란 책상 두 개를 맞붙여 만들 수 있다. 어떠한 경우든 이러한 배치는 방의 한 쪽 구석에 놓을 수밖에 없다. 방 안의 죽은 공간에 L자형 책상을 놓을 경우 널찍한 업무 공간과 수납 공간을 모두 확보할 수 있다.

이 오피스는 현재 완성되지 않았으며 L자형 책상만 먼저 배치해 놓은 상태다. 이 중요한 가구를 배치하면 나머지 가구의 위치는 자연스럽게 결정된다.

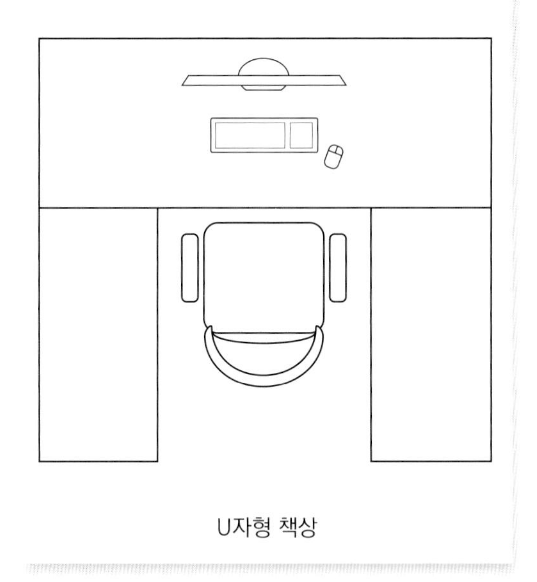

U자형 책상

U자형 책상

여러분이 하는 업무는 "지휘본부"가 필요한가? 그렇다면 U자형 배치가 적합할지도 모른다. 이는 일할 때 필요한 모든 것을 가까이에 두는 아주 효율적인 배치로 업무 공간을 극대화할 수 있다. U자형 책상은 특히 방문객이나 동료를 위해 책방 바깥쪽에 여분의 의자를 놓을 경우 굉장히 많은 바닥 면적을 차지한다. 책상 자체가 아주 클 뿐만 아니라 책상 주위로 움직이는 데 필요한 공간 역시 많이 요구된다. U자형 책상은 대부분 방 전체를 이용하는 홈 오피스에서만 사용되며 그렇게 자주 사용되는 배치는 아니다. 하지만 작업물을 여기저기 흩어놓아야 하는 바쁜 그래픽 디자이너나 커다란 컴퓨터 모니터 한 대만으로는 일할 수 없는 사람들에게는 이상적인 해결책이 될 수 있다.

U자형 책상은 손만 뻗으면 닿을 수 있는 거리에 온갖 물건을 두고 일해야 하는 사람에게 이상적이다. 큼지막한 책상을 배치하고 오피스의 출입 공간까지 확보하려면 공간이 희생될 수밖에 없지만 여유 공간이 충분하다면 아주 편안한 배치가 될 수 있다.

TECHNOLOGY CHECKLIST

기술 점검사항

기술은 오늘날 대부분의 홈 오피스에서 반드시 점검해야 하는 중요한 사항이다. 어떠한 기술을 얼마나 활용할지는 업무의 성격에 달려 있지만 업무에 사용하는 장비의 중요성을 잊지 말기 바란다. 홈 오피스를 꾸미는 일은 편안하고 생산적인 작업 공간을 설계하는 일이기도 하지만 어떠한 기술 장비가 필요할지 파악한 뒤 더욱 즐겁고 편리한 공간을 연출할 수 있는 훌륭한 기회이기도 하다. 새로운 프로그램과 애플리케이션, 디지털 업무 방식은 업무 과정을 간소화하고 업무에 소요되는 시간을 절약해줄 수도 있다(유용한 애플리케이션과 프로그램에 관해서는 120페이지를 참고하기 바란다).

여러분이 선택할 수 있는 기술을 필수, 선택, 기타로 나누어 설명하겠다. 사람마다 욕구가 다르기 때문에 이 세 분류가 딱 들어맞지 않을 수 있지만 큰 그림을 그리는 데에는 도움이 될 것이다.

필수

컴퓨터는 거의 모든 재택근무자에게 필요한 도구다. 직장에서는 "타워형" 데스크톱 컴퓨터가 주로 사용되지만 하나의 컴퓨터에 화면과 키보드를 담아낸 제품("일체형" 컴퓨터)으로 점차 대체되고 있다. 훨씬 작은 몸체에 그 어떠한 컴퓨터보다도 뛰어난 연산력을 갖춘 노트북도 있다. 새로운 홈 오피스를 마련하는 것은 새로운 컴퓨터로 업그레이드하거나 교체할 완벽한 기회이다. 아래 세 가지 선택지를 살펴보기 바란다.

데스크톱 : 별도의 본체가 달린 데스크톱 컴퓨터는 공간을 많이 차지할 수밖에 없다. 본체는 컴퓨터의 열기를 식히고 전자 제품의 수명을 늘리기 위해 공기의 흐름이 충분한 곳에 배치해야 하기도 한다. 현재 오래되고 작동이 느린 타워 컴퓨터를 갖고 있다면 홈 오피스를 꾸미는 김에 일체형 컴퓨터나 노트북으로 교체해도 좋을 것이다.

노트북 : 재택근무를 오래 하게 될지 확신할 수 없는가? 그렇다면 노트북이 이상적인 대안이 될 수 있다. 노트북의 단점은 대부분 화면의 크기다. 큰 노트북조차 최신형 올 인 원 컴퓨터나 고급 사양의 컴퓨터 모니터와는 비교가 되지 않을 만큼 화면이 작다. 넉넉한 스크린과 실감나는 그래픽이 필요한 작업이라면 대형 모니터가 반드시 필요하다. 하지만 대부분의 노트북은 대형 모니터와 연결할 수 있다는 사실을 잊지 말자.

일체형 컴퓨터 : 일체형 컴퓨터는 본체와 모니터를 따로 놓는 데스크톱 컴퓨터의 대안으로 훨씬 적은 공간을 차지한다. 바닥에 세워놓는 평면 모니터의 패널 안에 컴퓨터 전자 장치를 넣어서 만든 것으로 일부 모델은 벽에 부착할 수도 있다. 데스크톱을 놓기에는 좁은 공간, 벽면을 사용할 수 있는 공간에서 채택할 수 있는 방법이다.

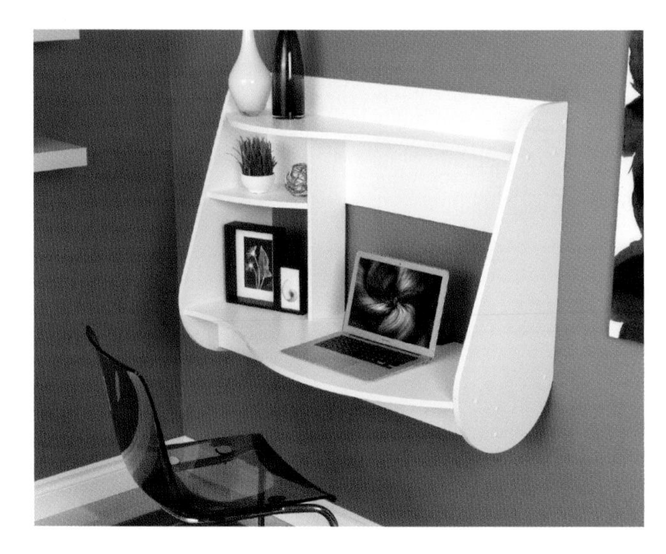

노트북은 공간이 부족한 홈 오피스나 붙박이 책상처럼 한정된 공간에서 사용할 수 있는 훌륭한 대안이다. 오늘날 출시되는 노트북은 데스크톱과 성능이 거의 비슷하기 때문에 재택근무자들의 욕구를 충족할 수 있다.

넓지 않은 공간, 특히 이 부엌 옆 오피스처럼 여분의 수납공간이 제한적인 공간에서 일체형 컴퓨터는 현실적이면서도 멋스러운 해결책이다.

오늘날 가정에서 사용되는 프린터는 놀라울 정도로 작게 출시될 뿐만 아니라 스캔과 복사 기능까지 제공한다. 홈 오피스를 꾸미는 예산으로 구입할 수 있을 정도로 가격도 저렴하다.

선택

다음의 기술 장치들은 필수는 아니지만 업무 시간의 질을 높이는 데 큰 도움이 될 수 있다.

프린터/스캐너/복사기 : 컴퓨터와 관련된 장비가 그렇듯 홈 오피스에서 사용되는 프린터는 크기가 점점 작아지고 있다. 작업 공간이 부족한 홈 오피스 설계자에게 좋은 소식이 아닐 수 없다. 스캔과 복사를 통합한 일체형 장비 역시 계속해서 유행하고 있다. 홈 오피스에는 보통 잉크젯 프린터면 충분하지만 그래픽 디자이너나 부동산 에이전트라면 고품질의 인쇄물을 얻기 위해 레이저 프린터가 필요할 수 있다. 레이저 프린터는 부피가 큰 데다 팬을 환기하고 인쇄물이 나올 수 있는 여유 공간이 필요하다.

키보드와 마우스 : 무선 키보드와 마우스를 사용할 경우 홈 오피스가 더욱 정갈하고 정리되어 보이며 걸리적거리는 선 없이 편안하게 일할 수 있다. 하루 종일 컴퓨터로 일한다면 손의 부담을 덜어주는 인체공학 키보드도 고려해 보기 바란다.

스피커와 헤드폰 : 컴퓨터 내부 스피커만으로 충분할지도 모른다. 하지만 하루 종일 음악을 듣거나 정기적으로 화상 통화를 한다면 외부 스피커나 고품질의 헤드폰을 구입해도 좋을 것이다. 대부분의 외부 스피커는 크기가 비교적 작기 때문에 책상 위에 놓아도 부담이 없다. 내장형 마이크가 부착된 헤드폰은 영상 통화나 회상 회의가 잦은 전문직에게 특히 유용하다.

외부 스피커는 화상 회의에서 오가는 모든 내용을 정확히 듣고 답하기 위해 반드시 필요할지도 모른다.

기타

다음의 장비가 필요한지 여부는 여러분의 작업에 달려 있다. 하지만 이 모든 장비는 컴퓨터 이용자가 빠르고 편리하게 일하는 데 큰 도움이 된다는 것을 잊지 말기 바란다.

외장 하드 드라이브 : 외장 하드 드라이브의 이점은 두 가지다. 여분의 저장과 구획된 백업이다. 외장 하드 드라이브는 과열을 막기 위해 효율적인 공기 순환이 필요하다. 하지만 클라우드 기반(온라인) 백업 서비스를 사용한다면 이 장비가 필요하지 않을지도 모른다.

허브 : 케이블 허브는 기술 제품이라기보다는 정리 도구에 가깝다. 수많은 주변 장치를 꽂을 수 있는 컴퓨터 장치의 중심점으로 허브를 사용할 경우 하나의 케이블만 컴퓨터에 연결하면 된다. 이 추가 장치는 어수선한 전선을 제거하고 매력적인 홈 오피스를 꾸미는 데 도움이 된다.

여분의 배터리 : 자동차가 전신주를 들이받아 정전이 발생하는 사고처럼 잠시 전력 공급이 중단될 경우 소중한 자료를 잃을 수 있다. 여분의 배터리는 이러한 위험에서 우리를 보호해준다. 외관이 그리 아름답지는 않기 때문에 가능하다면 캐비닛 안에 보관해두는 편이 좋다. 주위 공기가 잘 순환되도록 하며 과열을 방지하는 것 또한 잊지 말아야 한다.

외부 카메라 : 업무를 하다 보면 동료나 고객, 다른 전문가와의 소통해야 할 때가 있는데 오늘날에는 화상 회의를 통해 이들과 만나는 경우가 잦다. 현대적인 컴퓨터에는 내장형 카메라가 달려 있지만 그렇지 않은 수도 있으며 질이 낮을 수도 있다. 그러한 경우 외부 카메라를 구입해야 한다. 외부 카메라는 모니터 상단에 부착할 수 있으며 컴퓨터에 직접 연결하면 된다.

외장 하드 드라이브는 작지만 필수적인 부수장치로 자동 백업 프로그램이라 할 수 있다. 대부분의 드라이버는 컴퓨터에 연결하는 전선을 통해 충전되기 때문에 전선이 어수선하게 나와 있는 일을 막을 수 있다.

허브는 노트북의 연결 상태를 빠르게 차단하며 온갖 전선을 정리하는 훌륭한 방법이다.

무선 업무

오늘날 대부분의 홈 오피스는 인터넷 라우터가 네트워크 상의 장치(무선랜, WLAN)로 전파 신호를 보내는 무선 네트워크를 사용한다. 기업뿐만 아니라 홈 오피스에서도 무선 네트워크 기술이 표준으로 자리 잡은 데에는 이유가 있다. 물리적으로 서로 연결해야 하거나 라우터에 연결해야 하는 오래된 장비라면 그 장비를 놓을 수 있는 장소가 한정될 수밖에 없다. 컴퓨터 케이블이 바닥을 지나 반대편 벽에 부착된 선반까지 이어지는 것을 바라는 사람은 없을 것이다.

하지만 홈 오피스에 무선 네트워크를 설치하지 말아야 할 이유 또한 많다. 첫째, 가정에 설치된 무선 인터넷은 회사에서 사용하는 초고속 연결망보다 느리다. 대용량 파일을 전송하거나 파일을 정기적으로 업로드하고 다운로드하려면 초고속 연결망이 필요하다. 또한 다른 식구들이 인터넷으로 영화를 보거나 온라인 게임을 하거나 웹사이트를 둘러볼 때면 우리가 이용하는 인터넷은 속도가 느려질 수밖에 없다. 별도의 랜선을 이용할 경우 세제 혜택을 산정하는 일도 훨씬 간편해진다. 마지막으로 업무에만 한정된 랜선은 보안을 유지하기도 쉽다. 같은 이유로 별도의 무선 네트워크를 설치하는 것을 고려해볼 수도 있다.

무선 인터넷 설정이 어떻든 인터넷의 속도를 높이기 위해 확장기(부스터나 리피터, 무선 접근점이라고도 불린다)가 필요할지도 모른다. 확장기는 라우터의 신호를 확장해주는 역할을 하며 라우터가 비교적 멀리 있거나 벽이나 기타 표면에 의해 차단될 때 인터넷 연결이 잘 잡히도록 해준다.

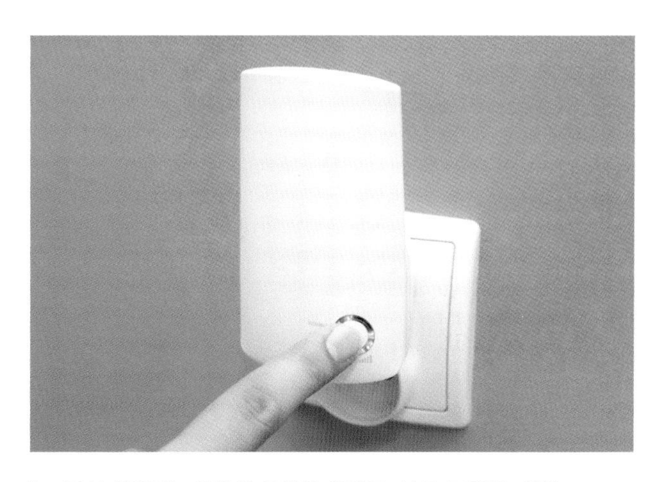

무선 확장기는 다양한 크기와 형태로, 보통 크림색, 흰색, 검은색으로 출시된다. 사진에서 보이는 확장기처럼 걸리적거리지 않도록 벽의 콘센트에 직접 꽂을 수 있는 제품도 있다.

스캔 라이프

편리한 업무와 정갈한 홈 오피스를 꿈꾸는가? 시간과 노력(심지어 돈도?)을 절약해주도록 작업 공정을 조금 변화시킴으로써 보다 체계적으로 일하고 싶은가? 문서 스캐너(아니면 핸드폰)만 있으면 된다.

보관해야 하는 문서는 파일로 철하는 대신 스캔할 수 있다. 컴퓨터에 디지털 파일 폴더를 만들거나 스캐너나 일체형 장비를 이용해 문서를 스캔해 정해진 컴퓨터 폴더에 저장하면 된다. 이는 가장 기본적인 옵션이다.

스캔 정리 프로그램에 조금 더 예산을 들이면 훨씬 더 유용한 방법을 이용할 수 있다. 핸드폰 카메라로 찍은 사진 이미지로 문서를 복사하는 프로그램은 종이를 스캔하는 쉽고 빠른 방법이다. 스캔한 문서를 편집하고 찾아볼 수 있는 문서로 바꿔주는 프로그램도 있다. 이 프로그램은 오래된 문서를 컴퓨터 어디에 저장했는지 기억이 나지 않을 경우 유용하게 사용할 수 있다. 이 밖에 유용한 애플리케이션과 프로그램에 관해서는 120페이지를 참고하기 바란다.

정신없는 선 관리

무선 인터넷은 케이블과 전선줄 때문에 좁은 업무 공간이 더욱 정신없어지는 문제를 해결해준다. 하지만 여러분은 아직 무선 기술을 이용하지 못할 수 있다. 또한 무선 인터넷을 이용한다 할지라도 전선은 계속해서 문제가 될 것이다. 다행히 이 문제를 해결해주는 제품들이 시중에 많이 나와 있다. 다음에서 소개하는 제품들은 엔터테인먼트 공간의 전선을 정리하는 데에도 사용할 수 있다.

❶ 타이

전선과 케이블을 정리하는 가장 쉬운 방법은 케이블 타이를 이용해 한꺼번에 묶는 것이다. 케이블 타이는 저렴하며 다양한 길이로 판매되기 때문에 두꺼운 케이블을 정리해야 하더라도 문제없다. 타이를 제거하거나 교체하거나 분리해야 할 때에는 절단 펜치나 평범한 전선 절단기로 자르면 된다.

❷ 전선 커버/튜브

여러 개의 전선줄이나 케이블을 한꺼번에 묶는 또 다른 방법은 저렴한 커버를 사용하는 것이다. 케이블을 삽입할 수 있는 천으로 된 튜브도 있고 여러 개의 케이블을 감을 수 있는 나선형 모양의 플라스틱 커버도 있는데 둘 다 케이블이 꼬이는 것을 막아준다. 전선관은 케이블이 지나가는 금속 튜브로 벽이나 기타 표면에 부착하면 된다. 파일 캐비닛이나 책상 같은 가구에 전선 정리 장치가 부착되어 있는 경우도 있다.

❸ 후크, 클립, 채널

이 방법들은 여러 개의 전선과 케이블을 더욱 말끔하게 정리해준다. 이는 국지적인 해결책이다. 다시 말해 다양한 길이의 코드에 사용할 수 있으며 책상을 비롯해 전선이 집중되고 뒤죽박죽 섞이는 곳에 사용할 수 있다. 후크는 책상 아래 같은 단단한 표면에 나사로 조이거나 붙이면 되는데 후크 하나에 전선 하나를 걸 수 있다. 클립과 채널은 접착식과 비접착식이 있는데 전선이나 케이블을 원하는 곳에 갖다 대면 철컥하고 잠기게 된다.

전선이나 케이블을 벽이나 몰딩(웨인스코팅 같은 구조물에도 가능하다)을 따라 정리하는 가장 단순하고 저렴한 방법은 케이블 클립을 이용하는 것이다. 이는 말 그대로 나사로 고정한 클립으로 케이블이나 전선을 가려주지는 않지만 그 자리에 고정시켜준다. 미관상 아름답지는 않지만 기능만 생각한다면 최소한의 비용으로 가장 쉽게 설치할 수 있는 방법이다.

이처럼 단순하고 저렴한 정리도구는 홈 오피스의 가치를 높여준다.
접착식으로 나온 제품의 경우 금속이나 플라스틱, 나무 표면에 세로로 부착할 수 있으며 심지어 책상 아랫면에도 붙일 수 있다.
여러 개의 전선을 언제든 사용 가능하되 깔끔하게 보관할 수 있는 방법이다.

어떠한 방법을 이용하든 전선이나 케이블(전력 케이블은 예외)에 라벨을 붙이기 바란다. 그래야 특정한 부분을 분리해야 할 때 식별이 가능하다. 붙였다 뗄 수 있는 손으로 쓰는 라벨이나 오피스 용품점이나 온라인에서 구매 가능한 특정 코드 식별자를 사용하면 된다.

HOME OFFICE FURNITURE

홈 오피스 가구

홈 오피스를 꾸미려면 새로운 가구가 필요하다. 하지만 여러분은 홈 오피스에 놓을 가구를 이미 갖고 있을지도 모른다. 대부분 업무용 책상과 의자는 갖고 있기 마련이다. 하지만 "올바른 책상과 의자인지" 고민해볼 필요가 있으며 다른 가구들도 생각해 봐야 한다. 미적인 측면이나 편리성 때문에 제대로 된 홈 오피스 가구를 구입해야 하는 것은 아니다. 오피스 가구는 편안하고 생산적인 업무에도 큰 영향을 미친다.

홈 오피스 가구는 편안한 업무에 도움을 줘야 하지만 집 안에 위치한 다른 가구들과도 어울려야 한다. 홈 오피스 가구들은 최소한 집의 인테리어에서 홀로 튀어서는 안 된다.

홈 오피스에 놓을 책상과 의자, 수납가구를 고를 때 세 가지 방향을 선택할 수 있다. 섞기, 어울리기, 강조하기다. 대부분은 특징 없는 가구를 골라 방에 자연스럽게 녹이거나 눈에 띄지 않게 하거나(섞기) 방 안에 이미 있는 다른 가구들을 보완하도록 기존 가구나 마감재에 어울리는 가구를 고른다(어울리기). 하지만 디자인 감각과 모험심이 조금 있는 사람이라면 자체 디자인만으로 공간에서 부각되는 가구를 고를 수 있다(강조하기). 이 목표를 추구할 수 있는 가장 좋은 시작점은 홈 오피스의 센터피스인 책상이다.

코너 책상은 두 작업 공간을 나란히 놓거나 공간을 넓게 쓸 수 있는 실속 있는 방법이다. 이 같은 책상은 넓은 공간이나 좁은 공간 어디에든 놓을 수 있으며 죽은 공간을 활용할 수 있는 훌륭한 방법이다.

책상

책상은 업무 공간의 지휘본부이자 홈 오피스의 센터 포인트다. 완벽한 책상을 고르면 일할 때 필요한 것들을 전부 가까이 둔 채 일할 수 있다. 업무용 책상은 사용 가능한 공간에 맞게 크기를 정해야 하며 업무에 필요한 표면 면적을 제공할 수 있어야 한다. 책상 아래 공간은 다리를 놓기 위해서뿐만 아니라 필요할지도 모르는 수납가구를 위해서라도 비워둬야 한다. 예산을 조금 더 들여서라도 은닉형 콘센트, 부착식 케이블 정리 도구, 조절 가능한 다리 같은 기능이 추가된 책상을 구입하는 편이 현명하다. 추가로 투입한 비용은 편리한 업무환경을 제공해줄 것이다. 하지만 우리의 결정은 주로 책상의 크기와 형태에 달려 있을 것이다. 적절한 크기의 책상은 인체공학적으로 올바른 앉는 자세를 유지시켜주고 눈의 피로를 덜어주며 생산성을 높여줄 것이다.

가구점에 가거나 사무용품점에만 가 봐도 꽤나 많은 종류의 책상을 찾아볼 수 있다. 재료와 스타일뿐만 아니라 크기와 형태 또한 상당히 다르다. 기업에서 사용하는 책상은 전부 비슷하지만 홈 오피스에서 사용할 수 있는 책상의 범위는 무한에 가깝다. 그렇기는 하지만 대부분의 사무용 책상이 특정한 크기로 제작되는 데에는 이유가 있다. 이는 우리가 책상에 앉아서 일하는 방식을 고려한 과학의 결과다. 연구진과 제조업체는 책상 아래로 다리를 놓는 데 얼마나 많은 공간이 필요하며 종이에 글을 쓰고 키보드를 사용하거나 마우스를 움직일 때 팔꿈치 주위로 얼마나 많은 공간이 필요한지 오랫동안 연구했다. 표준적인 업무용 책상의 크기는 아래와 같다.

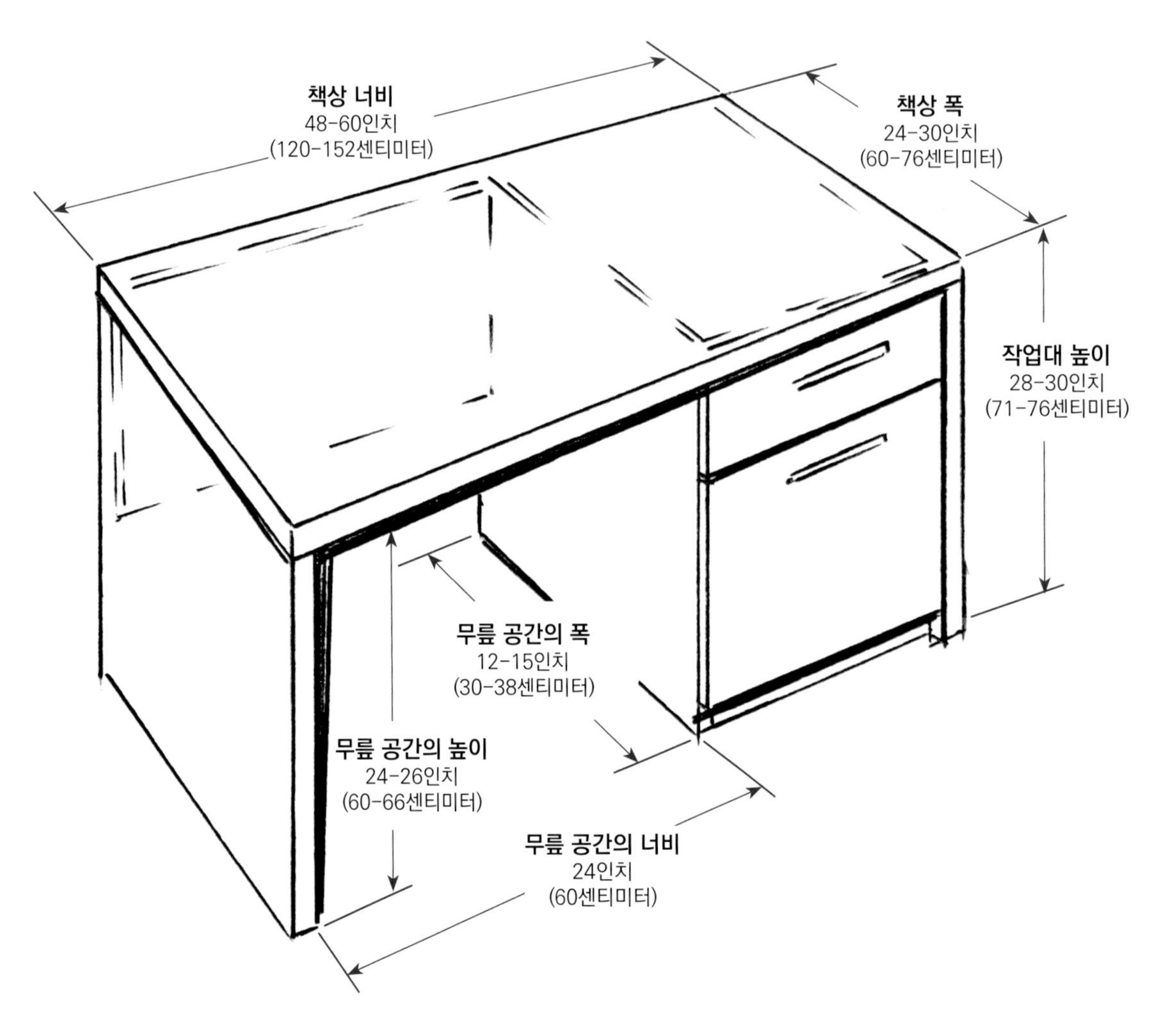

※ 시각화를 위한 대략적인 이미지로 일정한 비율로 잰 것은 아님.

이 같은 기준을 참고하자. 물론 이 기준이 모두에게 적용되는 것은 아니므로 나에게 맞는 책상 크기와 구조를 선택하기 바란다. 온라인에서 제품을 구매하거나 직접 보고 구매할 수 없을 경우 집 안의 다른 가구를 이용해 나에게 맞는 크기일지 판단하기 바란다.

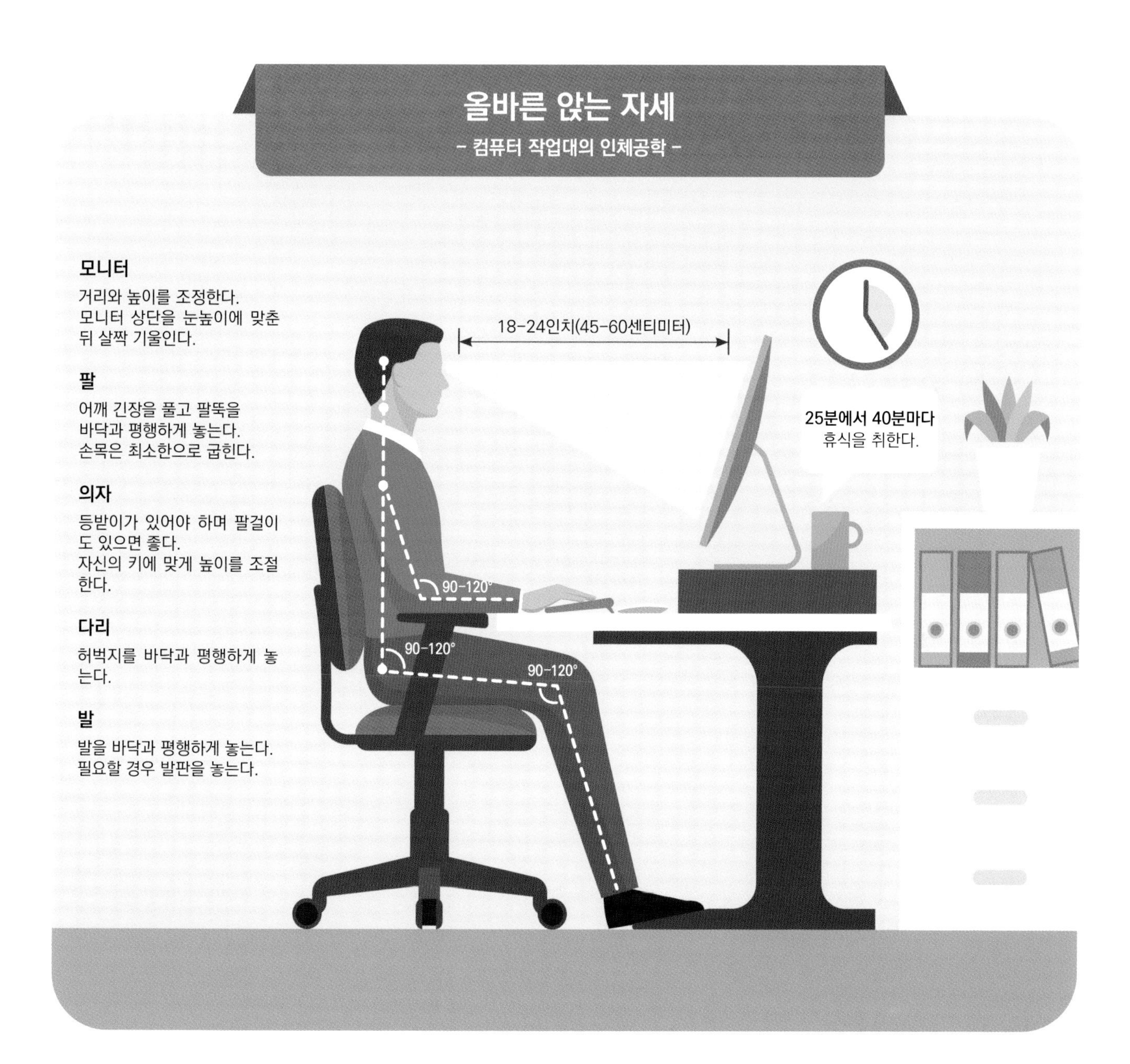

소재

나에게 필요한 책상을 아직 구입하지 못했는가? 가구점에 가 보기 바란다. 놀라울 정도로 다양한 책상이 판매되고 있을 것이다. 책상은 안내 광고나 크레이그리스트 같은 사이트에서 가장 많이 판매되는 물건이기도 하다. 중고 책상을 구입하면 비용을 크게 절약할 수 있는데 살짝 흠이 나 있을 경우 굉장히 저렴한 비용에 판매하기도 한다. 하지만 어디에서 책상을 사든 어떠한 소재가 나에게 가장 적합할지 판단해야 한다.

금속은 무겁고 튼튼하지만 대부분의 금속 책상은 "우아"하지 않다. 또한 촉감이 차가워 겨울에는 거슬릴 수 있다. 그런 이유에서 가장 바람직한 것은 나무 책상이다. 경재로 만든 책상은 내구성이 강하며 수종과 마감재가 다양하기 때문에 놀라울 정도로 수많은 외양 가운데 선택할 수 있다. 단점이 있다면 나무는 움푹 패일 수도 있고 상처가 날 수도 있다는 것이다. 이는 시간이 흐를수록 문제가 되는데 다른 장비들 때문에 긁히고 바퀴 달리 의자가 책상 다리에 부딪혀 흠이 날 수도 있다.

유리 책상은 현대적인 홈 오피스에 어울리는 세련된 외관을 선사한다. 하지만 이러한 외관을 위해 희생해야 하는 부분이 있으니 유리로 만든 책상은 깨끗하게 유지하기가 쉽지 않다. 커피를 살짝 흘리거나 지문만 묻어도 보기 흉해진다. 유리 책상에는 서랍이나 선반을 부착하기도 쉽지 않아 다른 책상에 비해 활용도가 낮기도 하다. 촉감 또한 차가워 겨울에는 문제가 될 수 있다. 특히 추운 지역이나 지하실 같은 추운 공간에 두기에는 적합하지 않다.

합성 책상은 목재 충전재와 플라스틱 혹은 정말로 저렴한 멜라닌으로 싼 파티클보드로 만든다. 저렴하고 다양한 디자인으로 나오지만 일상적인 사용으로 쉽게 마모된다. 조립식 합성 책상을 선택할 경우 초기 비용은 낮지만 수명이 짧을 수밖에 없다.

조절 가능한 다리(현재 가장 낮은 상태로 되어 있다)가 달려 있어 앉은 자세부터 선 자세까지 다양하게 이용 가능한 이 세련된 책상은 그 아래로 언제든 인체공학적 의자를 밀어 넣을 수 있도록 여유 공간이 넉넉하다. 상단은 내구성이 강한 나무 베니어판으로 만들었다.

수납

책상은 업무 공간만은 아니다. 서랍이 달린 책상은 홈 오피스에서 필요한 여분의 수납공간을 제공해줄지도 모른다. 일할 때 문서를 많이 사용하는가? 그렇다면 파일 서랍이 최소한 한 개 달린 책상을 고려하기 바란다. 일할 때 미술 용품을 많이 사용하는가? 그렇다면 각기 다른 물품을 수납할 수 있도록 책상 상단 바로 아래 얕은 서랍이 여러 개 달려 있는 책상을 고르기 바란다. 잠글 수 있는 서랍이라면 보안 문제도 해결할 수 있다.

책상은 다른 형태의 수납공간도 제공한다. 붙박이 선반이 함께 제공되는 책상도 있다. 이러한 선반에 종이나 노트, 일할 때 자주 참고하는 파일이나 책을 보관할 수 있다. 업무와는 상관 없는 건너편에 설치된 선반은 수납이나 디스플레이용으로 사용할 수 있으며 책상 위에 놓는 근사한 장식품이 될 수도 있다. 물론 여러분이 종이를 사용하지 않을 경우 깨끗하고 정갈한 이미지의 나무나 유리 책상이 이상적인 업무 공간이자 디자인 요소가 될 수 있다.

가장 손쉽게 이용할 수 있는 수납공간이 눈에 잘 띄어야 할 필요는 없다. 밀어 넣는 키보드 트레이는 사용하지 않을 때에는 책상 아래에 숨겨둘 수 있다. 그렇게 할 경우 쓰기나 읽기 같은 다른 활동을 위한 공간이 확보될 뿐만 아니라 인체공학적으로 바람직하도록(컴퓨터 키보드로 일할 때 팔은 올바른 각도로 굽어 있어야 한다) 키보드의 위치를 낮출 수도 있다.

책상 한 쪽에는 유용한 수납공간을 두고 아래로는 개방적인 공간을 두어 공기의 순환이 용이해진 한편 미적으로도 매력적인 공간이 연출되었다.

특별한 책상

다리 4개에 상판이 하나 놓여 있는 "라이팅" 책상이 유일한 형태의 책상은 아니다. 사실 여러분에게 사용 가능한 공간이나 여러분이 사용하고 싶은 방식에는 또 다른 유형의 책상이 더욱 적합할지도 모른다. 예를 들어 "**사다리형**" 책상은 바닥공간을 최소한으로 차지하도록 설계된 책상으로 책상과 수납 선반이나 수납 상자 모두 수직으로 놓인다. 이러한 유형의 책상은 공간이 부족한 소형 아파트 혹은 거실이나 손님용 침실 같은 넓은 공간에 홈 오피스를 놓고 싶지 않을 경우에 적합하다. 일반적이지 않은 또 다른 책상들을 살펴보도록 하자.

플로팅 책상은 공간을 적게 차지한다. 이는 벽에 부착되는 형태로 다리가 없으며 지지 받침대도 없다. 깔끔한 외관의 플로팅 책상은 홈 오피스가 위치하는 방의 기존 용도나 디자인이 절대적이어서 홈 오피스가 공간 안에 최대한 녹아들어야 하는 부엌 같은 공간에서 가장 흔히 사용된다. 플로팅 책상은 손님용 침실처럼 이중으로 사용되는 방에 놓으면 좋다. 하지만 유의할 점이 있다. 플로팅 책상을 설치한다면 벽 스터드에 단단히 고정하는 것을 잊지 말아야 한다. 일할 때 가해지는 압력, 타자를 치고 글을 쓰고 책상에 기댈 때 발생하는 압력 때문에 책상이 벽에서 떨어질 수 있다.다른 책상에 비해 활용도가 낮기도 하다. 촉감 또한 차가워 겨울에는 문제가 될 수 있다. 특히 추운 지역이나 지하실 같은 추운 공간에 두기에는 적합하지 않다.

합성 책상은 목재 충전재와 플라스틱 혹은 정말로 저렴한 멜라닌으로 싼 파티클보드로 만든다. 저렴하고 다양한 디자인으로 나오지만 일상적인 사용으로 쉽게 마모된다. 조립식 합성 책상을 선택할 경우 초기 비용은 낮지만 수명이 짧을 수밖에 없다.

벽걸이형 소형 책상은 업무 공간이 좁을 수밖에 없는 아파트 거주자를 위해 공간을 절약해주는 이상적인 해결책이다.

맞춤 제작한 이 코너형 책상과 홈 오피스는 서재를 개조한 업무공간을 최대한 활용할 수 있도록 파일 수납장이나 선반을 제작하는 수납 가구 회사의 도움을 받아 구축했다. 중립적인 색상과 널찍한 작업 공간이 쾌적한 업무 공간을 조성하고 있다.

장식장 책상 역시 공간을 절약해준다. 이 독립적인 가구는 당겨서 펼치거나 완전히 숨겨지는 상단, 들어 올리거나 뒤집어 올리면 열리는 뚜껑, 작은 수납을 위한 수납 선반이 달려 있다. 장식장 책상에서 일할 경우 움직일 일이 거의 없다. 문서를 저장하거나 대형 모니터를 놓을 공간이 넉넉한 편은 아니다. 하지만 한정된 장소에서 노트북으로 일하는 데 익숙하다면 업무에 필요한 용품을 가까이 둔 채 일할 수 있으며 일하지 않을 때에는 뚜껑을 닫아서 안전하게 보관할 수 있다. 뚜껑을 닫아두면 홈 오피스가 방 안의 다른 가구들과 매끄럽게 조화를 이룬다는 장점도 있다.

코너형 책상은 가장 실용적이지만 가장 흔하지 않은 선택이기도 하다. 코너형 책상을 놓을 경우 커다란 방안의 죽은 공간을 활용할 수 있다. 이 같은 배치는 업무에 필요한 장비가 많거나 업무 관련 물품들을 펼쳐놓고 일하는 것을 선호하는 사람에게 널찍한 작업 공간을 제공해주기도 한다. 넉넉한 작업 공간 덕분에 동료들과 함께 일할 수 있고 수납 가구를 밀어 넣을 수 있다는 장점도 있다.

롤링 혹은 "이동식" 책상은 홈 오피스에서 흔히 사용되지는 않는다. 이러한 유형의 책상은 바퀴가 달려 있어 다른 곳으로 밀어서 이동할 수 있다. 휴대성을 원할 경우 대부분 노트북을 선택하지만 롤링 책상을 둘 경우 문서도 함께 가지고 갈 수 있다. 높은 롤링 책상의 경우 어디에서든 서서 일할 수도 있다. 이동식 책상은 컴퓨터나 전자 기기, 주변 장치를 이용하지 않을 경우 바람직하다. 책상을 옮길 때마다 선을 꽂고 뽑기란 여간 성가신 일이 아닐 수 없기 때문이다. 이러한 책상을 이용할 경우 최소한 바퀴 두 개는 잠거 두어 일하는 동안 의도치 않게 책상이 움직이지 않도록 하기 바란다.

서서 일하는 책상 Vs. 앉아서 일하거나 서서 일하는 책상

앉아서 일할 수도 서서 일할 수도 있는 책상-일반적인 책상 다리보다 높은, 조절 가능한 다리나 고정된 다리가 달린 책상-이 지난 10년 동안 점차 큰 인기를 끌고 있다. 제조업체나 전문가들은 잠시 서서 일하는 것이 건강에 좋다고 홍보한다. 이 문제를 다룬 연구가 많지는 않지만 등이 아프거나 다른 문제가 있을 경우 서서 일하는 것이 도움이 될지도 모른다(앉아 있을 때보다 서 있을 때 칼로리 소비량이 높은 것 역시 사실이다). 하지만 바람직하지 않은 자세로 서 있거나 딱딱한 바닥에 오랫동안 서 있을 경우 문제를 예방하기는커녕 더 악화시킬 수도 있다. 서서 일하기로 결정했다면 다음의 지침을 따르기 바란다.

1. 자세를 바꾼다.

한 번에 몇 시간 동안 서 있을 경우 어떠한 자세로 서 있더라도 근골격계에 치명적인 영향을 미친다. 서서 일하는 책상을 처음 사용할 때에는 한 번에 15분에서 20분 동안 서 있는 연습을 먼저 하기 바란다. 다리가 피곤해거나 아프거나 자세가 구부정해질 경우 자리에 앉아서 휴식을 취하자. 몸이 서 있는 자세에 익숙해지기 시작할 때부터 점차 시간을 늘리면 된다.

2. 모니터를 조정한다.

서서 일하든 앉아서 일하든 허리에 부담을 주지 않으려면 모니터를 바라보는 높이를 잘 조절해야 한다. 모니터는 스크린의 상단이 눈높이에 오도록 놓아야 하며 이 상태에서 스크린을 뒤로 20도 정도 젖혀야 한다. 모니터와 얼굴 사이의 거리는 24에서 28인치(60에서 71센티미터)가 적당하다.

3. 키보드를 놓는다.

손가락이 키보드에 닿을 때 팔꿈치는 45도 각도로 굽혀야 하며 팔은 앉아 있을 때보다 살짝 더 뻗어야 한다. 이러한 자세를 위해 키보드 트레이를 사용해야 할지도 모른다.

4. 딱딱하고 고르지 않은 바닥은 피한다.

딛고 선 바닥은 단단하지만 충격을 흡수해야 한다. 서 있는 자세에서 관절과 근육에 가해지는 부담을 줄이도록 설계된 피로 예방 매트를 사용하면 더욱 좋다.

5. 휴식 시간을 갖는다.

컴퓨터로 일할 때에는 서서 일하든 앉아서 일하든 20분마다 휴식을 취해야 한다. 몇 분 동안 스트레칭을 하고 주위를 걷고 머리를 식히기 바란다. 그 시간을 이용해 핸드폰으로 업무 통화를 할 수도 있다.

오랜 시간 앉아 있는 것은 보통 불가능하거나 바람직하지 않기 때문에 앉아서도 서서도 일할 수도 있는 조절 가능한 책상을 구입하는 편이 가장 좋다. 직접 올리고 내릴 수 있는 책상을 구입할 수도 있고 사진에서 보이는 것처럼 기존 책상 위에 올리는 모델을 구입할 수도 있다.

오늘날 출시되는 서서 일하는 책상은 대부분 기존 책상의 높이에 맞춰 다리를 낮출 수 있기 때문에 앉아서 일할 때에도 이용할 수 있다. 이 같은 모델은 대부분 버튼을 조정해 자동으로 다리를 높이거나 낮출 수 있다. 대부분의 사람들은 앉은 자세와 서 있는 자세를 번갈아가며 이용하기 때문에 이 같은 자동 조절 장치는 시간과 수고, 번거로움을 줄일 수 있다.

앉아서 일하거나 서서 일하는 책상 대신 키 높이에 맞춰 모니터의 높이를 조절하려면 기존 책상에 거치대를 놓으면 된다. 이는 책상 상단에 놓는 플랫폼으로 이 거치대 위에 컴퓨터 모니터를 놓으면 된다. 대부분의 거치대는 하단에 달린 가위형이나 확장형 다리로 올리거나 낮출 수 있다. 일부 거치대에는 앉아서 일하다가 서서 일하기 쉽도록 키보드나 마우스를 놓을 수 있는 풀 아웃 트레이가 달려 있기도 하다.

대부분의 거치대는 기존 컴퓨터 모니터나 모니터에 부착된 일체형 컴퓨터용으로 제작되지만 노트북을 놓을 수 있는 이 같은 거치대도 있다. 편리성과 이동성 측면에서 하루 종일 노트북으로 일하는 것을 선호하지만 앉은 자세에서 눈과 목의 피로를 줄이기 위해 모니터의 높이가 적정하기를 바라는 사람에게 유용하다.

머피 책상과 벽걸이형 책상

벽걸이형 책상은 공간을 거의 차지하지 않지만 오랫동안 온전한 상태로 안전하게 이용하려면 제대로 설치해야 한다. 이는 방 전체를 홈 오피스로 꾸미는 저렴한 방법으로 타운하우스나 콘도처럼 넓지 않은 곳에 살고 있는 사람에게 공간을 절약해주는 매력적인 방법이다.

머피 책상은 벽걸이형 책상과 비슷하지만 벽걸이형 책상보다 사용 빈도가 낮다. 머피 베드에서 이름을 딴 머피 책상에는 닫을 경우 내부 수납공간을 가려주며 열 경우 책상 상단이 되는 접이식 뚜껑이 달려 있다. 머피 책상을 이용할 수 있는 공간과 업무에는 제한이 있다. 업무가 끝난 뒤 뚜껑을 밀어 올려야 한다면 책상 위에 기술 장비나 문서를 쌓아둘 수 없기 때문이다. 벽걸이형 책상처럼 머피 책상은 노트북 사용자에게 가장 적합하다. 프린터 같은 주변 장치는 보통 무선으로 사용하고 인근 책장 같은 다른 곳에 보관해야 한다. 책상에 수납할 수 있는 물건은 선반의 물리적인 깊이와 수납공간의 크기에 제한을 받게 된다.

하지만 머피 책상은 업무가 끝난 뒤 홈 오피스를 완전히 차단할 수 있다는 장점이 있다. 여러분이 선택한 머피 책상의 외관이나 맞춤화 방식에 따라 사용하지 않을 때에는 시각적으로 완전히 눈에 띄지 않게 할 수 있다. 벽과 같은 색으로 칠할 수도 있으며 뚜껑 아랫면에 페인트를 칠하거나 스텐실 문양을 새겨 넣을 수도 있다.

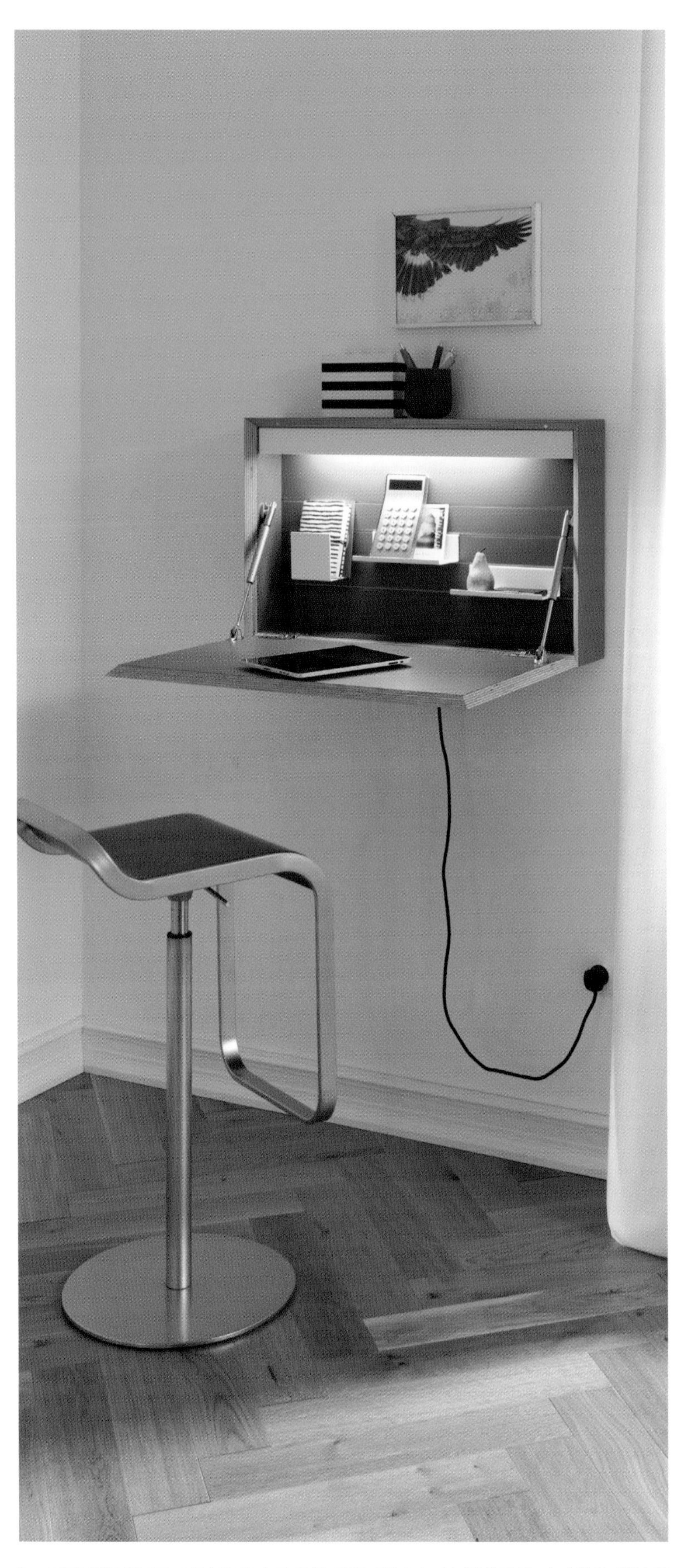

머피 책상이라고 따분하거나 지루한 것은 아니다. 이 현대적인 디자인의 책상이 보여주듯, 비좁은 홈 오피스에 사용할 수 있는 이 같은 책상은 당겨서 여는 디자인 덕분에 세련된 외관을 유지하면서도 좁은 공간 안에 필요한 물건들을 전부 수납할 수 있다.

보통 노출된 수납공간에 캐비닛이 한두 개 딸려 있는 형태다. 폭이 좁은 책상이 붙박이로 제공되기 때문에 사용자는 벽을 바라보며 일하게 된다. 기본적인 벽걸이형 책상은 벽걸이형 선반이나 캐비닛이 함께 제공되는 경우가 머피 책상보다 많다. 벽걸이형 책상에 데스크톱 모니터를 넣어도 좋지만 보기 좋은 외관을 유지하려면 깔끔한 정리는 필수다. 벽걸이형 책상의 경우 물건들을 어질러 놓을 경우 눈에 거슬리기 때문이다.

머피 책상과 벽걸이형 책상 둘 다 사용하지 않는 벽 공간을 이용하지만 한 개 이상의 스터드에 단단히 고정해야 하기에 부착할 수 있는 장소가 한정될 수밖에 없다. 대부분의 경우 컴퓨터나 핸드폰 충전기, 주변 장치를 연결할 수 있도록 벽 콘센트 근처에 설치하게 된다.

일체형 벽걸이형 책상은 일반적인 업무 공간을 마련하기에는 공간이 부족할 때 공간을 절약하는 이상적인 해결책이다. 이 책상은 대형 모니터뿐만 아니라 키보드와 마우스가 들어가는 별도의 트레이를 놓을 수 있을 만큼 충분한 작업 공간을 제공한다.

의자

사무용 의자를 고를 때 돈을 아껴서는 안 된다. 좋은 의자는 허리 통증과 눈의 피로를 줄여주며 생산성과 에너지를 높여주고 공기를 순환시켜 주지만 그렇지 않은 의자는 정반대의 영향을 미친다. 집 안에서 일상적인 용도로 사용하는 의자를 홈 오피스 의자로 전용해서는 안 되는 이유다. 사무용 의자는 일할 때 우리의 몸을 확실히 지지할 수 있어야 한다. 다른 의자들은 그렇지 않다. 최고의 오피스 의자는 다양한 신체 부위에 맞춰 여러 곳이 조절 가능해야 한다. 이동식 의자가 이상적이지만 그렇다고 모든 상황에 알맞은 것은 아니며 모든 방의 디자인에 적합한 것도 아니다.

바퀴 : 오피스 의자를 고를 때에는 가장 먼저 다리와 바퀴 중 선택해야 한다. 일반적으로 책상에는 바퀴 달린 의자가 더 잘 어울린다. 바퀴 달린 의자는 책상 아래 바닥을 덜 마모시키며 유연성이 뛰어나 움직일 때 수고가 덜 들기도 한다. 최고의 의자 바퀴는 독립적인 롤러 베어링 캐스터로 캐스터 다리가 많을수록-결국 바퀴가 많을수록-좋은 의자다. 바퀴가 4개 달린 저렴한 버전도 있지만 5개에서 6개의 바퀴가 달린 의자가 가장 좋다.

팔걸이 : 오피스 의자의 팔걸이는 인체공학적인 면에서 바람직한 요소다. 최고의 효과를 누리려면 앉아 있을 때 어깨가 이상한 각도로 틀어지거나 건강에 안 좋은 자세가 되지 않도록 팔걸이를 조절할 수 있어야 한다. 그렇기는 하지만 갑갑하거나 불편한 느낌이 들 경우 팔걸이가 없는 의자를 택해도 좋다.

골진 의자(좌측)는 두툼한 충전재 덕분에 편안하게 앉아 있을 뿐만 아니라 뜨겁거나 차가운 공기가 신체 주위로 순환할 수 있도록 여유 공간도 제공한다. 메쉬 의자(우측)는 등과 다리를 충분히 지지하면서 공기 순환을 극대화한다. 이 두 의자 모두 허리 지지대, 높이와 각도 조절장치, 팔걸이 높이 조절 장치(오른 쪽 의자의 경우) 등 조절 가능한 기능이 있다.

소재

의자의 소재는 편안함, 의자의 수명, 인체공학성에 큰 영향을 미친다. 나무나 플라스틱은 가장 저렴한 소재(독특한 사무용 의자는 제외)이지만 장기적인 편안함은 물론 근골격계에도 안 좋은 영향을 미친다. 메쉬는 가장 보편적인 소재다. 통풍성이 뛰어나 신체 주위로 공기가 잘 순환하도록 도와주기 때문이다. 낮은 품질의 의자에 사용된 메쉬-보통 디자이너 오피스 의자의 모조품-는 시간이 지나면 축 처져서 인체공학적으로 안 좋은 영향을 미친다. 대부분의 사람이 도톰한 의자가 주는 푹신한 기분을 선호하기 때문에 가죽이나 천으로 씌우는 의자가 많이 이용된다. 천은 빨리 마모되고 사용하다 보면 때가 탈 수 있으며 더운 곳보다는 추운 곳에서 안락하게 느껴진다.

가죽은 통풍이 잘 되고 쉽게 닦을 수 있으며 내구성이 뛰어나지만 사무실 기온이 낮을 경우 조금 차갑게 느껴질 수 있으며 기온이 조금 높아지면 끈적끈적해질 수 있다. 푹신한 표면은 시간이 지나면 꺼지고 빽빽해지면서 편안한 느낌이 줄어든다는 것을 기억하기 바란다.

지하에 마련한 이 간결한 홈 오피스의 경우 의자 팔걸이에 덧댄 푹신한 가죽이 업무 시간 내내 인체공학적이고 편안한 자세를 유지시켜준다.

고품질 사무용 의자의 네 가지 특징

❶ 허리 지지대

의자의 등 부위는 척추의 형태를 따라야 한다. 이는 일할 때 올바른 자세를 유지하게 해주는 핵심 요소로 목이나 어깨에 장기적인 부담을 주지 않으려면 반드시 명심해야 하는 사항이다. 허리 지지대는 반드시 조절 가능해야 한다. 허리 지지대를 미세조정할 수 있는 기능은 의자에 앉아 있을 때 우리가 얼마나 편안함을 느끼는지를 비롯해 우리의 자세에도 큰 영향을 미친다. 등받이는 목과 머리를 지지할 수 있도록 긴 것이 좋다. 최소한 견갑골의 중간지점까지는 와야 한다.

❷ 조절 가능한 좌석

홈 오피스 의자라면 이 기능을 반드시 갖춰야 한다. 발이 바닥에(혹은 인체공학적인 발판에) 완전히 닿아야 올바른 좌석 높이라 할 수 있다. 메모리 폼 패딩이 부착된 좌석 역시 좋지만 금방 꺼지는 저품질의 메모리 폼은 다리와 엉덩이 자국이 남게 되니 주의하기 바란다. 평범한 폼 좌석 역시 시간이 지나면 눌리게 되고 다리 위쪽이나 허리에 순환 문제를 야기한다. 자신의 신체 크기에 맞는 좌석을 고르기 바란다. 무릎 안 쪽과 좌석 앞 쪽 사이에 2인치(5센티미터) 정도 간격이 있어야 한다. 평평하거나 앞쪽으로 살짝 젖혀진 의자가 가장 바람직하다. 이러한 의자는 건강에 좋은 자세를 취할 수 있게 해준다. 지나치게 뒤로 젖혀지는 의자는 피하기 바란다.

❸ 적절한 팔걸이

저렴한 사무용 의자의 경우 팔걸이가 조절 불가능하다(위아래나 앞뒤로 움직이지 않는다). 팔걸이를 다양하게 조절할 수 있는 의자가 좋다. 팔을 의자에 걸쳐놓을 때 어깨가 움츠러들지 않으려면 팔걸이가 신체와 가까이 놓여 있어야 한다. 팔걸이 높이를 책상 높이에 맞추기 바란다. 처음에는 너무 높다고 느껴지겠지만 어깨를 가장 잘 받쳐줄 수 있는 가장 좋은 위치다.

어떠한 방법을 이용하든 전선이나 케이블(전력 케이블은 예외)에 라벨을 붙이기 바란다. 그래야 특정한 부분을 분리해야 할 때 식별이 가능하다. 붙였다 뗄 수 있는 손으로 쓰는 라벨이나 오피스 용품점이나 온라인에서 구매 가능한 특정 코드 식별자를 사용하면 된다.

❹ 단단한 기단

일반적으로 오피스 의자의 바퀴는 많을수록 좋다. 바퀴는 얇거나 속이 텅 빈 지지대가 아니라 튼튼한 구조물이어야 하며 의자가 어떠한 방향으로도 쉽게 이동할 수 있게 해줘야 한다. 바퀴의 수명을 최대한 누리려면 볼 베어링 바퀴가 좋다. 바퀴의 구멍을 따라 놓인 단순한 축은 시간이 지나면서 부서질 확률이 높은데 바퀴가 하나 부서지면 그 의자는 사용할 수 없게 된다는 것을 잊지 말자.

컴퓨터로 30분 이상 일한 뒤에도 목과 어깨가 여전히 편안하고 컴퓨터 스크린을 향해 머리를 쭉 내밀지 않게 된다면 제대로 된 의자를 고른 것이다.

조명

홈 오피스의 활용도를 높이려면 어떠한 조명을 사용할지, 각기 다른 조명이 업무에 어떠한 영향을 미칠지 꼼꼼히 살펴야 한다. 조명 계획을 세울 때에는 우선 공간에 들어오는 자연광을 파악해야 한다(자연광은 우리가 제어하기 가장 힘든 부분이기 때문이다). 하루 동안 방안으로, 특히 여러분의 책상이 놓일 지점에 들어오는 자연광의 강도를 파악하자. 다음과 같은 질문을 던져보기 바란다.

- ✔ 특별히 걱정되는 시간대가 있는가?
- ✔ 직사광선을 막기 위해 블라인드나 커튼을 설치해야 하는가?
- ✔ 정기적으로 화상 회의를 하는가, 그렇다면 자연광만으로 충분한가?

이제 데스크 조명을 설치해야 하는 위치를 생각해보기 바란다. 갤리 책상이나 코너 책상, 굉장히 넓은 작업 공간을 둘 경우 각 부위 별로 조명이 한 개 이상 필요할지도 모른다. 책상에 설치할 조명을 계획했으면 이제 앰비언트 조명을 생각할 차례다. 앰비언트 조명은 보통 천장에 설치하면 된다. 앰비언트 조명에서 나오는 빛이 코너 그림자를 제거하고 컴퓨터 뒤를 비춰 눈의 피로를 줄여주는가? 벽등이나 플로어 조명, 심지어 천장 조명 같은 앰비언트 조명은 언제든 추가할 수 있다. 마지막으로 캐비닛 아래나 책장, 혹은 추가하고 싶은 부위에 악센트 조명을 설치하기 바란다.

창고에 마련한 이 현대적인 오피스는 큼지막한 창문 덕분에 자연광이 충분히 들어오지만 자연광이 부족할 때를 대비해 꼼꼼한 조명 계획을 세웠다. 천장 레일 조명은 할로겐 전구가 그늘진 곳을 직접 향하도록 조절할 수 있으며 책상 위에 놓은 매끈한 램프는 데스크 조명으로 활용할 수 있다.

테스크 조명

테스크 조명은 말 그대로 업무 공간을 밝게 비추는 직접 조명이다. 홈 오피스에서는 보통 책상 램프가 업무 조명으로 사용되는데 이는 반드시 설치해야 하는 조명이다. 업무별로 필요한 각기 다른 공간에 빛을 직접 비출 수 있도록 조절 가능한 책상 램프가 가장 좋다. 가령 컴퓨터로 일할 때에는 스크린 뒤를 비추는 것이 좋으며 읽기나 쓰기를 할 때에는 종이를 직접 비추는 편이 좋다.

플로어 램프나 심지어 벽걸이형 램프조차 조절할 수 있고 원하는 책상 부위를 비출 수만 있다면 책상 램프로 사용할 수 있다. 제광 장치가 있고 몸체가 넘어지지 않도록 기단이 무거운 램프가 좋다. 책상 램프는 글을 쓰거나 기록을 할 때 그림자가 지지 않도록 반드시 자주 쓰는 손 반대편에 놓아야 한다.

예술품과도 같은 S자 모양의 램프가 현대적인 분위기의 이 소형 홈 오피스에 아주 잘 어울린다. 에너지 절약형의 강력한 LED 전구와 3단계로 조절 가능한 밝기 덕분에 눈의 피로 없이 원하는 세기의 조명을 선택할 수 있다. 조명이 쓰러지지 않도록 기단을 무겁게 만들었으며 USB 포트와 콘센트가 달려 있어 더욱 유용하다.

앰비언트 조명

천장 조명, 벽등, 플로어 스탠드가 앰비언트 조명이 될 수 있다. 홈 오피스의 중심은 데스크 조명이지만 앰비언트 조명도 중요하다. 앰비언트 조명에서 나오는 일반적인 빛은 눈을 피로하게 만들 수 있는 그림자를 없애준다. 해당 공간에 알맞은 광원(전구)과 전략량을 선택하고 데스크 조명이 닿지 않는 곳에 충분한 빛을 제공할 수 있는 앰비언트 조명을 설치해야 한다.

악센트 조명

엄격히 말해서 악센트 조명은 홈 오피스에서 반드시 설치해야 하는 조명은 아니다. 실용적인 목적이 없지는 않지만 기본적으로는 장식적인 효과를 위한 조명이다. 선반 조명, 캐비닛 아래 설치하는 조명, 심지어 책상 위에 놓는 모션 라바 램프(유색 액체가 들어 있는 장식용 전기 램프-옮긴이)조차 악센트 조명이 될 수 있다.

이 홈 오피스에는 데스크 조명을 보완하기 위해 플로어 램프와 천장등처럼 가변적인 앰비언트 조명을 설치했다.

전구 유형

조명을 골랐다고 홈 오피스 조명 설계가 끝나는 것은 아니다. 해당 조명에 어떠한 종류의 전구를 사용할지 결정하는 것 역시 조명만큼이나 중요하다.

LED : 발광 다이오드 전구(LED)는 표준 백열전구에 비해 에너지 효율적이다(12와트 LED 전구 하나는 60와트 표준 백열전구에 해당한다). 값은 조금 더 비싸지만 수명이 훨씬 더 길다. 백열전구의 따스한 노란빛보다는 차갑고 파란 빛을 내지만 백열전구와 비슷한 따뜻한 빛을 내는 LED도 판매된다.

CFL : LED 전구의 가장 큰 경쟁자는 CFL(컴팩트 형광 램프) 전구다. CFL 전구는 백열전구보다 수명이 길지만 LED 전구에 비하면 수명이 훨씬 짧다. 오늘날 CFL 전구는 백열전구의 따뜻한 노란빛을 모방하기 위해 변형된 색으로 출시되기도 한다.

전통적인 형광전구 : 현대적인 CFL의 선도자인 형광전구는 홈 오피스에 사용하기 가장 적합하지 않은 전구다. 오늘날에는 따뜻한 색상으로도 출시되지만 형광전구에서 나오는 빛은 보통 차갑고 날카롭다. 형광전구는 불빛의 밝기를 조절할 수도 없다.

백열전구 : 수십 년 동안 표준 전구로 사용된 백열전구는 아직까지도 널리 사용되고 있다. 백열전구는 따뜻하고 포근하며, 높은 전력을 내는 백열전구는 꽤 섬세한 작업에 사용하기에도 충분하다. 백열전구는 보조광을 만들고 그늘진 부위를 없애주며 눈에 편안한 빛을 제공한다.

할로겐 : 할로겐 전구는 백열전구의 일종이지만 방출되는 빛이 다르다. 할로겐 전구는 사물의 모습과 색상을 온전하게 구현하는 깨끗하고 밝은 흰색 빛을 낸다. 에너지 효율적이기 때문에 데스크 조명으로 적합하다. 하지만 열이 엄청나게 많이 발생하기 때문에 만지거나 접촉할 수도 있는 조명에 사용하는 것은 좋지 않다.

LED 전구는 다양한 형태로 출시된다. 표준 전구(가장 왼쪽)는 전통적인 조명에서 대부분의 백열전구 대신 사용할 수 있다.

SAD 조명

동기부여가 잘 되지 않고 정신적으로 갑자기 힘든 상태에 직면했다면 계절성 정서 장애(SAD)를 겪고 있을 수 있다. SAD는 계절 변화(대부분 가을에서 겨울로)로 인한 자연광의 변화 때문에 발생하며 증상으로는 우울증, 에너지 부족, 집중력 장애, 불면증, 부정적인 생각 등이 있다. 다행히 건강한 체내 시계로의 복귀를 돕도록 설계된 SAD 조명과 전영역 SAD 전구를 구입할 수 있다.

스마트 수납

홈 오피스에 적절한 수납 가구를 마련하려면 가구의 물리적인 특징뿐만 아니라 업무 방식도 고려해야 한다. 예를 들어 집이든 회사에서든 사무공간은 종이를 사용하지 않는 쪽으로 변화하는 추세다. 종이를 아예 사용하지 않거나 종이만 사용해야 하는 것은 아니다. 대부분의 경우 이는 사용하는 종이의 양을 줄이는 특정한 관행의 문제다. 가령 재택근무자들-특히 프리랜서-의 경우 전자 서명을 이용하는 때가 많다. 이 경우 종이 계약서를 출력할 필요가 없을 뿐만 아니라 서명한 계약서를 스캔하거나 메일로 보내지 않아도 되기 때문에 시간을 절약할 수도 있다. 한 단계 더 나아가 종이 문서를 스캔해 전자 문서로 저장할 수도 있다. 하지만 종이 문서를 아예 사용하지 않는 경우는 거의 없다. 반드시 실물로 저장해야 할 만큼 중요한 문서들도 있기 마련이다. 홈 오피스 수납 가구가 필요한 이유다. 홈 오피스의 수납가구에는 두 가지 유형이 있다. 넣어둔 물건이 보이는 개방적인 가구나 보이지 않는 막힌 가구다. 이 두 유형을 자세히 살펴보도록 하자.

손님용 침실에 설치한 선반이나 서랍, 작은 벽장은 넉넉한 수납공간으로 쉽게 개조할 수 있다. 주인이 새로운 곳에서 일하게 되거나 아예 이사를 가면서 이 공간을 더 이상 사용하지 않을 경우 리넨 제품을 보관하거나 손님이 머무는 공간으로 다시 개조할 수 있다.

개방적인 수납공간

개방적인 수납공간은 보통 선반을 말한다. 선반은 사무용품을 비롯해 사전이나 기술 매뉴얼 같은 참고 자료를 보관할 수 있는 유용한 수납공간이 될 수 있다. 사무용품을 두거나 일할 때 필요한 물건들을 보관하는 상자를 올려놓을 수 있는 이상적인 장소로 우리가 선택하는 선반은 실용적인 측면에서도 미적인 측면에서도 우리의 홈 오피스에 지대한 영향을 미친다.

독립적인 책장 : 벽에 붙여서 세워놓든 방을 나누는 가구로 사용하든 독립적인 책장은 바닥 공간을 많이 차지한다. 공간에 비해 책장이 너무 클 경우 홈 오피스가 갑갑하게 보일 수 있으며 심지어 밀실공포증을 유발할 수도 있다. 하지만 적절한 곳에 놓을 경우 독립적인 책장은 매력적인 가구인 동시에 넉넉한 수납공간을 제공할 수 있다. 키 큰 책장은 홈 오피스를 거실 같은 넓은 방과 분리해주는 효과적인 칸막이가 될 수도 있다. 독립적인 책장은 갤리 책상 배치에서 한 책상 끝에 놓거나 별도로 놓은 책상의 양 끝에 놓아도 좋다.

창고에 마련한 이 오피스는 책상 양 끝에 놓은 독립적인 책장 덕분에 깔끔하고 정돈된 모습이다.

붙박이 책장 : 붙박이 책장은 어떠한 인테리어 디자인에도 매력을 더해주지만 홈 오피스에는 특별한 분위기와 실용성까지 더해준다. 기존에 설치된 붙박이 책장의 용도를 극대화하기 위해 책장 선반 가까이에 책상이나 기타 업무 공간을 배치해 보자. 붙박이 수납장을 독립적인 책상의 배경으로 사용하면 더욱 효과적이다. 사용자는 의자를 살짝 밀어 책장 선반에 꽂힌 책이나 기타 물건을 꺼내온 뒤 다시 책상으로 돌아갈 수 있다. 홈 오피스를 꾸미는 과정에서 아예 책장을 새로 짤 경우 시각적으로 통합된 구조물을 구축하기 위해 양 책장 사이에 책상을 집어넣는 편이 좋다.

붙박이 수납가구가 방에 잘 어울린다.

벽걸이형 선반 : 브라켓 지지 선반과 플로팅 선반이 여기에 포함된다. 어떠한 경우든 선반이 안전하게 지지할 수 있는 무게에는 한계가 있다. 가령 두껍고 무거운 업무 자료는 선반의 지지물에 부담이 될 수밖에 없다. 플로팅 선반은 특히 무게에 취약하지만 홈 오피스에 놓을 수 있는 가장 세련되고 매력적인 선반이다. 미관상 벽걸이형 책상 바로 위에 설치하면 좋다.

벽걸이형 선반은 업무 공간에서 멀찍이 떨어져 있지만 손만 뻗으면 쉽게 닿을 수 있다. 이처럼 높은 곳에 선반을 설치할 경우 업무에 방해가 되지도 않고 시각적으로 주의를 앗아가지도 않는다.

막힌 수납공간 : 여러분은 종이를 사용하지 않는 업무 방식을 선호하지 않을지도 모른다. 그럴 경우 중요한 업무 문서를 보관할 수 있는 장소가 필요하다. 이 장소는 파일 수납장이 될 수밖에 없다. 다행히 사무실에서 사용하는 튼튼한 철제 캐비닛 말고도 온갖 종류의 수납장이 존재한다. 오늘날 출시되는 최고급 파일 수납장은 그 자체만으로 훌륭한 장식품이다. 부엌 수납장만큼이나 외관도 스타일도 우수하다(홈 오피스 파일 수납장 제작자들의 상당수가 부엌 수납장도 제작하고 있다는 사실을 생각하면 놀랄 일도 아니다).

여러분이 선택한 책상에 벽걸이형 파일 서랍이 딸려 있을 수도 있다. 그것만으로 충분한 수납 간을 확보할 수 있을지도 모른다. 수납공간이 더 많이 필요할 경우 전통적인 디자인에서부터 현대적인 디자인에 이르기까지 다양한 디자인으로 출시되는 독립적인 캐비닛을 이용하면 된다. 단 여러분이 선택한 책상과 분위기가 어울리거나 최소한 보완할 수 있는 파일 수납장을 선택하는 편이 좋다.

업무가 바쁘게 돌아가고 수납이 많이 필요한 전문직 종사자라면 벽걸이형 파일 서랍과 전통적인 캐비닛, 개방적인 선반과 서랍을 유용하게 활용할 수 있다.

금고

대부분의 사람들은 캐비닛 안에 보관하는 금고를 선택하지만 보안의 강도를 극대화하기 위해 홈 오피스 금고를 벽에 부착할 수도 있다. 어떠한 경우든 오늘날 출시되는 금고들에는 디지털 잠금장치, 다중 데드볼트 바, 정전이 발생하거나 비밀번호를 잊어버렸을 때 사용할 수 있는 열쇠 보조제어장치가 달려 있다.

금고는 홈 오피스에 일반적으로 설치하는 물건은 아니지만 민감하고 중요한 문서를 다룰 경우 서류나 파일 저장 장치를 잃어버리거나 이들이 화재로 손실되기를 바라지 않을 것이다. 금고는 자물쇠 달린 책상 서랍이나 파일 수납장보다 보안의 강도가 훨씬 높다.

가정이나 홈 오피스에서 사용되는 가장 일반적인 금고는 작지만 묵직하다. 금고는 내부 용량으로 규격이 산정되는데 가정용 금고는 0.5입방피트(0.014입방미터, 보석이나 권총을 넣을 수 있을 정도의 크기)에서 2입방피트(0.056입방미터)가 넘는 것에 이르기까지 다양하다. 홈 오피스에는 보통 1.3입방피트(0.037입방미터)짜리 금고면 충분하다. 오늘날 출시되는 금고는 상당히 가볍지만 최소한 100파운드(45킬로그램)가 나가는 금고를 추천한다. 무거울수록 도난이 발생할 확률이 낮다. UL(Underwriters Laboratories)에서 시험한 모델을 찾아보기 바란다. 다른 전자 기기들처럼 UL인증이 찍힌 금고는 내구성이 입증된 제품이다.

❶ 화재

화재에 강한 금고는 등급 표시가 되어 있으며 고온에도 덜 취약하다. 하지만 그러한 등급만 확인해서는 안 되며 금고의 내부 온도 등급도 점검해야 한다. 종이를 보관할 경우 내부 온도가 화씨300도(149도) 이하로 정해진 금고면 충분하다. 하지만 사진이나 DVD, CD, 플래시 드라이브나 외장 하드 디스크를 저장할 경우 내부 온도가 화씨125도(52도)를 넘지 않도록 설정된 금고를 이용해야 한다.

❷ 방수

방수가 내화성과 밀접한 관련이 있다고 생각하겠지만 이는 사실이 아니다. 금고에 명시된 방수 등급을 반드시 별도로 살펴보아라. 여러분의 집이 범람원이나 홍수가 자주 발생하는 지역에 위치할 경우 이는 더욱 중요하다. 방수 등급은 금고가 특정한 수위에서 방수 상태를 유지하는 시간을 말해준다.

❸ 도난

금고는 (집 밖으로 가져간다 하더라도) 열지 않는 한 귀중품을 온전한 상태로 유지한다는 사실을 명심하기 바란다. 금고의 TL 등급을 점검하라. 이는 작은 폭발물이나 드릴처럼 금고를 파괴하는 도구에 저항하는 정도를 측정한 UL 시험이다. TL-30 등급이라 함은 30분 동안 공격을 버틸 수 있다는 의미다.

❹ 기타 특징

저렴한 금고에서부터 고급 사양의 금고에 이르기까지 기본적인 차이는 버튼식 키패드이냐 디지털 키보드이냐 여부다. 디지털 키패드는 편리할 뿐만 아니라 보통 비밀번호를 잊어버리거나 기타 이유에서 기본 잠금장치가 작동하지 않을 경우 사용할 수 있는 열쇠 보조제어 장치가 함께 제공된다. 고품질의 금고에는 최소한 2개에서 3개의 체결 볼트가 달려 있다. 금고를 한 장소에 고정하고 싶을 경우 앵커 구멍이 뚫려 있는 모델이나 볼트 고정 키트가 달린 모델을 선택하기 바란다.

특별 수납가구

업무 성격에 따라 특별 수납가구로 홈 오피스를 꾸며야 할 수도 있다. 건축업자, 건축가, 제도공은 커다란 도면을 비롯해 접어서는 안 되는 대형 기술 도면을 저장할 플랫 파일 수납장이 필요하다. 이러한 가구는 부피가 상당히 크기 때문에 나중에 추가하는 것이 아니라 처음부터 계획에 포함시켜야 한다. 재봉사나 예술가라면 다양한 물건을 언제든 가까이 놓을 수 있는 폭이 좁은 선반을 이용할 수 있을 것이다. 홈 오피스 디자인을 설계할 때 특별한 수납 요구사항을 고려하는 것을 잊지 말기 바란다. 이러한 수납가구를 나중에 집어넣기란 쉽지 않다.

일체형 가구

장식장형 컴퓨터 책상이나 벽걸이형 컴퓨터 책상은 전부 일체형 홈 오피스 가구가 될 수 있다. 좁은 장소에서 일하는데 개의치 않으며 온갖 물품이나 전자 기기가 필요하지 않다면 이러한 수납방법이 이상적일지도 모른다. 이 방법은 예산을 절약해주며 홈 오피스를 설계하는 시간과 수고를 줄여준다. 하나의 가구를 세워놓거나 벽에 부착하면 끝이다. 이러한 가구에는 대부분 내부 케이블과 전선이 달려 있어 미관상 보기 좋지 않은 전선줄을 쉽게 정리할 수 있을 뿐만 아니라 장치를 연결하기도 아주 쉽다. 장식장이나 벽걸이형 업무 공간의 가장 큰 장점은 업무가 끝난 뒤 뚜껑이나 문을 닫으면 업무 공간과 물리적으로 분리될 수 있다는 것이다. 이는 작은 아파트의 경우, 혹은 침실이나 다른 작은 방, 어수선한 위치에 홈 오피스를 꾸밀 때 활용할 수 있는 훌륭한 방법이다. 업무 공간은 다소 비좁을 수 있지만 정리만 잘 한다면 관련 용품을 가까이에 놓고 일할 수 있다.

벽걸이형 책상은 공간을 절약해준다. 사진에서와 같은 책상은 업무 파일과 사무용품을 보관할 수 있는 벽걸이형 "세트" 가구를 설치하기 좋다. 이러한 조립식 가구는 저렴하고 설치가 용이하며 다양한 나무 색상과 디자인을 이용할 수 있다.

스크린과 칸막이

홈 오피스를 커다란 방이나 공간과 더욱 명확히 나누려면 파티션을 놓으면 된다. 이동 가능한 스크린이나 이동이 쉽지 않은 칸막이조차 시각적으로 홈 오피스를 분리할 수 있고 소리가 업무 공간에 들어가고 나오는 것을 막아주며 업무에 더욱 집중할 수 있게 해준다.

스크린 : 접이식 스크린은 홈 오피스 파티션으로 가장 쉽게 사용할 수 있는 물건이다. 소리를 막아준다기보다는 시선을 차단하는 것에 가깝지만 시각적으로 강력한 분리 효과를 가져오는 꽤 저렴한 방법이다. 천을 씌운 스크린, 나무로 만든 스크린, 플라스틱이나 유리 패널 가운데 선택할 수 있다. 저마다 독특한 외관을 지니고 있기 때문에 (예산이 허락하는 한) 자신이 추구하는 업무 공간에 어울리는 디자인을 선택하면 된다.

스크린은 한 개에서 여섯 개 이상에 이르기까지 수많은 패널로 이루어진다. 세 개의 패널로 된 스크린이 가장 일반적이다. 공간을 나누는 역할은 충분히 수행하지만 혼자서 이동하고 접고 펼치기 쉬운 데다 한 개나 두 개로 이루어진 패널보다 균형감 있기도 하다. (바닥에서 천장까지 이어지는) 전신 패널을 선택할지 보다 바닥에 세워두는 평범한 패널을 선택할지도 결정해야 한다. 전신 패널은 프라이버시를 유지하고 소음을 차단하는 효과가 조금 더 크다. 이러한 기본적인 사항 외에는 해당 공간과 홈 오피스에서 자신이 바라는 디자인 방향과 목표에 부응하는 스크린을 선택하면 된다. 음향 패널 스크린은 훨씬 많은 소리를 흡수하며 혼잡하고 시끄러운 집 안에 놓기 좋다. 다시 회사로 출근하거나 직장을 옮길 때 집안 내 다른 곳에서 사용할 수 있는 스크린을 고르는 편이 좋다.

감추는 것이 주요 목적이라면 공간에 잘 녹아들고 방 안의 색상에 어울리는 스크린을 고르기 바란다. 아파트 안에 위치한 이 작은 홈 오피스는 벽과 동일한 색상으로 칠한 스크린 뒤에 감춰져 있다. 평범하지 않은 방법이지만 홈 오피스를 효과적으로 숨기되 시선을 사로잡지 않는 방법이다.

천장에 매달린 칸막이는 이 같은 공간에 사용할 수 있는 효율적인 방법으로 개방적인 분위기에 통기성까지 확보해준다. 단 차음 효과를 보려면 속이 꽉 찬 칸막이를 사용해야 한다.

칸막이 : 모든 스크린은 칸막이이지만 모든 칸막이가 스크린인 것은 아니다. 칸막이에는 공기와 빛이 흐를 수 있는 개구부가 있다. 칸막이는 홈 오피스와 다른 공간을 구분하는 한편 개방적이고 바람이 잘 통하는 분위기를 유지해준다. 가장 흔히 사용되는 홈 오피스 칸막이로는 양면으로 사용 가능한 책장이 있다. 책장이나 수납 상자로 가득한 이 책장은 맞춤식 벽이라 할 수 있다. 개방적인 공간을 일부 비워둘 경우 그 사이를 통해 방이나 집의 다른 공간으로의 시야를 확보할 수도 있다. 이는 칸막이를 통해 빛이나 공기가 양방향으로 흐를 수 있게 하는 방법이기도 하다.

천장에 매단 커튼은 덜 흔한 방법이지만 제대로 설치할 경우 시각적으로 독특한 효과를 연출할 수 있다. 천장에 트랙을 고정한 뒤 커튼을 트랙에 직접 걸거나 트랙에 고정시킨 기둥에 걸면 된다. 트랙은 직선이나 곡선으로 설치할 수 있으며 다양한 마감재를 선택할 수 있다. 커튼은 다양한 가능성을 선사한다. 프라이버시가 얼마나 필요하며 빛을 얼마나 많이 투과해야 하는지 고려해 선택하기 바란다.

칸막이를 장식품처럼 활용해 디자인적인 요소를 가미해봐도 좋다. 잎이 무성한 키 큰 화분은 거실에 설치하는 독특한 스크린이 될 수 있다. 페인트칠한 콘크리트 블록, 강철 조각, 재활용한 다다미 등 온갖 물건을 나만의 칸막이로 사용할 수 있다. 천장에 걸거나 천장과 바닥 사이에 고정할 수 있는 물건이라면 무엇이든 맞춤식 칸막이가 될 수 있다.

러그와 보호매트

대부분의 홈 오피스에서 바닥은 바꾸기 쉽지 않은 부분이다. 거실의 한쪽이나 손님용 침실 한 쪽 구석의 바닥을 바꾸는 것은 아무래도 너무 많은 예산이 소요될 수 있다. 그렇다고 현재 그 상태에 만족하라는 뜻은 아니다. 창의력을 조금만 발휘하면 된다.

카펫 : 하루 중 많은 시간을 보내는 곳이라면 카펫이 깔린 바닥이 주는 푹신하고 쾌적한 느낌이 큰 장점이 된다. 소리를 흡수하고 추운 계절에 온기를 제공한다는 점까지 고려하면 홈 오피스에 카펫을 깔지 않을 이유가 없다. 조금 더 단단한 바닥을 원할 경우 대나무나 사이잘 같은 반경직 러그를 사용해도 좋다. 한 러그 위에 또 다른 러그를 까는 방법도 있다.

카펫 위에 아무 것도 놓지 않는다 할지라도 카펫이 닳는 것을 막기 위해 의자 아래 부분에는 매트를 놓기 바란다. 깨끗한 비닐이나 폴리카보네이트로 만든 매트가 가장 저렴하다. 이러한 매트는 회전식 오피스 의자를 끄는 움직임이나 홈 오피스를 오갈 때 가해지는 하중에도 몇 년을 버티기 때문에 그 아래 위치한 카펫을 보호할 수 있다.

방에 까는 카펫은 홈 오피스가 누리기에는 다소 사치스러운 물건일 수 있다. 하지만 홈 오피스 카펫 위에 가해지는 하중과 사용을 고려할 때 이 우아한 업무 공간에 깐 버버 카펫 같은 내구성 높은 고품질의 카펫은 그만한 가치가 있다.

마감 : 다용도 공간이나 별채에 홈 오피스를 마련할 경우 바닥재는 예산의 제한을 받을 뿐이다. 우선 적절하지 않은 옵션을 제해보자. 나무 바닥재는 아름답지만 홈 오피스에 이용하기에는 너무 비쌀 뿐만 아니라 설치 공정에도 돈이 든다. 돌이나 세라믹 타일 역시 홈 오피스에 적합하지 않다. 단단한 표면은 정적이어야 하는 공간에 소음을 양산한다. 단단한 표면은 특히 하루 종일 매일 그곳을 걸어야 한다면 발이나 다리가 닿는 부위의 감촉이 좋지 않을 수도 있다. 따라서 아무리 더운 지역일지라도, 혹은 집 안의 다른 바닥재와 맞추고 싶더라도 단단한 타일은 홈 오피스에 사용하기에 좋지 않다.

반대로 부드러운 바닥은 편안한 업무 공간을 연출하는 데 도움이 된다. 이러한 효과를 낳을 수 있는 가장 훌륭한 재료는 카펫이다. 카펫과 패드의 품질이 좋을수록 발아래 닿는 느낌이 부드럽고 안락하다. 최고급 카펫은 비싸지만 다용도 공간이나 별채의 좁은 부위에만 깔 경우 그리 많은 예산이 들지 않는다. 저렴한 카펫은 피하기 바란다. 여러분이 홈 오피스에 얼마나 많은 예산을 투입할지에 달려 있기는 하지만 저렴한 카펫은 금세 닳으며 우중충해질 것이다.

회복력 있는(부드럽다는 것을 뜻하는 업계 용어) 마감재 역시 홈 오피스에 사용하기 좋다. 이러한 마감재는 시트나 플랭크, 타일로 출시되며 (DIY에 익숙하지 않은 사람조차) 설치가 용이하다. 이러한 플랭크나 타일 바닥재는 누구나 하루 만에 설치할 수 있으며 재료로는 저렴한 비닐, 라미네이트, 리놀륨이나 마르몰레옴이 있다. 전부 조립이 용이하고 쉽게 부착 가능한 플랭크나 타일로 출시되며 다양한 돌과 나무 표면을 모방해 외관도 근사하다. 비닐과 리놀륨은 시트 제품으로도 출시된다. 이 둘은 물론 전혀 다르다. 리놀륨은 항균성을 지닌 물질이며 비닐은 오프 가스 휘발성 유기 화합물로 훨씬 덜 비싸다. 둘 다 놀라울 정도의 내구성을 지닌다.

홈 오피스에 어떠한 바닥재를 선택하든-혹은 어떠한 바닥재가 이미 깔려 있든- 의자 매트는 반드시 구입하기 바란다. 바퀴 달린 의자를 사용하든 다리 달린 의자를 사용하든 움직임이 잦을 수밖에 없기 때문에 바닥재를 보호하는 조치를 취하지 않을 경우 바닥에 손상이 가게 된다. 눈에 띄지 않는 저렴한 매트에서부터 홈 오피스에 특정한 색상과 패턴을 부여하는 비싼 매트에 이르기까지 광범위한 매트 가운데 선택할 수 있다.

시각 예술가의 이 업무 공간은 창고에 홈 오피스를 꾸민 사례다. 창고 제작 회사에서 판매하는 조립식 창고를 사용했지만 충분히 맞춤화가 가능하다. 시선을 잡아끄는 색상의 강렬함이 그 자체로 아름다운 라미네이트 바닥재로 완화되었다. 이 바닥재는 내구성 역시 뛰어나며 카펫을 사용했을 때에 비해 페인트나 기타 물질을 닦아내기도 쉽다.

벽 공간

홈 오피스에는 보통 공간이 부족하기 마련이다. 편안하고 효율적인 업무 공간을 꾸미려면 가능한 표면을 최대한 효율적으로 사용해야 한다. 이러한 목표를 추구하는 과정에서 종종 간과되는 공간이 수직 표면이다. 개방적인 벽 공간은 아주 소중한 자산인 셈이다.

업무 보드 : 벽에 코르크판이나 화이트보드를 부착해 보자. 무엇을 붙일지는 자신의 업무 방식에 달려 있다. "뜬구름 잡는" 브레인스토밍을 많이 할 경우, 특히 동료들과 함께 회의를 할 경우 화이트보드가 반드시 필요하다. 전반적인 홈 디자인에 더 잘 어울리는 세련된 방법으로는 칠판 페인트를 칠한 커다란 사각형 판이 있다. 칠판이나 게시판은 문서나 도표, 표를 비롯해 계속해서 살펴야 하는 참고 자료가 많은 사람에게 유용하다. 이러한 자료는 책상에 놓인 파일 속에 섞여 있을 때보다는 붙여놓을 때 더욱 편리하게 이용할 수 있다.

이러한 보드가 자신의 디자인 감각에 비해 너무 실용적인 물건처럼 느껴질 경우 장식적인 프레임을 둘러 미적인 효과를 줄 수 있다. 액자 가게에 보드의 규격을 말해주면 해당 크기에 맞게 자른 액자를 구입할 수 있다.

벽걸이형 선반과 캐비닛 : 물론 벽 표면에 보드만 부착할 수 있는 것은 아니다. 벽걸이형 선반이나 캐비닛은 여분의 사무용품에서 별도로 둘 곳이 없는 프린터에 이르기까지 온갖 물품을 저장할 수 있는 유용한 가구다. 벽걸이형 선반은 소박한 농가 스타일에서부터 세련되고 현대적인 스타일에 이르기까지 온갖 스펙트럼의 인테리어 디자인으로 출시되기 때문에 디자인 악센트로 사용할 수도 있다. 선반은 넓은 공간의 인테리어와 홈 오피스 공간의 인테리어를 연결해주는 유용한 도구가 될 수 있는 것이다.

벽걸이형 캐비닛은 어떠한 홈 오피스에서도 유용하게 사용될 수 있지만 특히 독립적인 선반이나 수납가구를 설치할 만큼 넓지 않은 업무 공간에 효과적이다. 사진 속의 벽걸이형 캐비닛은 양쪽 끝에 자주 사용하는 물건을 올려놓을 수 있는 빈 공간을 둔 덕분에 다른 캐비닛보다 조금 더 편리하게 이용할 수 있다.

CHOOSING COLORS AND PATTERNS

색상과 패턴 선택하기

색상은 홈 오피스 디자인에서 가장 소홀하게 취급되는 요소 가운데 하나다. 홈 오피스를 설계할 때에는 기능에만 초점을 맞추기 마련이라 매력적인 것은 고사하고 기분 좋은 외관을 꾀하는 데에는 별로 신경을 쓰지 않게 된다. 하지만 홈 오피스의 색상을 주의 깊게 골라야 하는 데에는 실용적인 이유가 있다. 어떠한 공간이든 많은 시간을 보내게 될 공간의 색상은 사용자의 피로도와 에너지, 만족도에 놀라울 정도로 큰 영향을 미친다. 다행히 색상은 홈 오피스에서 쉽게 바꿀 수 있는 디자인 요소다.

권위적이고 전문적인 분위기를 자아내는 짙은 청색은 거실 벽면 전체를 따라 설계된 이 장중한 홈 오피스에 잘 어울린다. 시선을 사로잡는 수납장은 충분한 수납공간을 제공할 뿐만 아니라 기억에 남는 디자인 요소이기도 하다. 홈 오피스에서 이처럼 어둡고 인상적인 색상을 사용하는 경우가 흔하지는 않지만 적절한 곳에 사용할 경우 굉장히 강력하고 역동적인 분위기를 연출할 수 있다.

색상 분위기, 감정, 연상

주위 색상은 우리의 기분과 심리 상태에 지대한 영향을 미친다. 각기 다른 색상 별로 연상되는 특징이 아래 표에 나와 있다. (보라색이나 감청색 같은) 이 색상들의 음영은 비슷한 특징을 내포하고 있다. 검은색이나 짙은 보라색 같은 색상을 얘기할 때 방 전체를 그 색상으로 칠하라는 뜻은 아니다. 암회색이나 보라색 같은 색상을 드문드문 사용해도 그 색상이 지니는 분위기를 온전히 누릴 수 있다.

색상	감정	연상되는 특징	홈 오피스에서의 역할
파란색	안전한	보안, 힘, 권위	조용한 업무에 집중, 회계사에게 효과적
보라색	장난기 있는	고귀, 호화, 위엄	사려 깊음, 경영자 코칭에 탁월
녹색	차분한	자연, 삶, 성장	조화, 재정 분야 종사자에게 효과적
빨간색	열정적인	사랑, 위험, 흥분	고도의 에너지, 판매직에게 좋은
주황색	충동적인	즐거움, 온기, 부	성장을 돕는, 컨설턴트에게 좋은
노란색	행복한	에너지, 친밀함	긍정적인, 디자이너에게 좋은
베이지색	중립적인	중립성, 관습, 고요	다용도, 광범위한 업무 분위기를 조성
흰색	신선한	청결, 순수, 선량	깨끗한, 작가나 편집자를 위한 질서 있는 환경
검은색	음침한	힘, 극적, 근엄	인상적인, 변호사나 사업가에게 좋은

우리가 인식하든 그렇지 않든 방의 색상은 우리에게 큰 영향을 미친다. 연구 결과에 따르면 빨간색을 보면 심장박동수가 높아진다고 한다. 오래도록 바라보기 힘든 색상도 있다. 게다가 우리가 사용하는 색상의 조합은 특정한 색상의 효과를 높여줄 수 있다. 우리는 무의식적으로 색상에 특정한 가치를 부여하기도 한다. 새신부가 순백을 상징하는 흰 옷을 입고 립스틱이 열정적인 붉은색으로 제작되는 데에는 이유가 있다. 물론 색상을 고를 때에는 개인의 선호가 가장 중요시 되어야 한다. 모두가 자신이 가장 좋아하는 색이 있기 마련이다.

이러한 무형적인 특징 외에도 색상에는 실용적인 면이 있다. 밝은 색, 중립적인 색, 흰색은 먼지가 쉽게 눈에 띄기 때문에 깨끗한 상태를 유지하기가 쉽다. 어두운 색상은 낮 시간 동안 열을 흡수한 뒤 품어 방의 온도를 눈에 띄게 높여준다. 색의 특징은 눈이 색상을 감지하는 표면 마감재에 큰 영향을 받기도 한다. 반짝이는 표면과 유광 페인트는 빛을 최대한 반사해 우리의 시야에 잔상을 남기거나 컴퓨터 모니터를 반사시킨다. 무광 표면은 색상을 탁하게 만들며 지문이 쉽게 드러난다. 무광택 페인트나 광택 마감재는 이 두 극단 사이에 위치하기 때문에 홈 오피스에서 가장 자주 사용된다.

회색은 세련되고 전문적으로 보이는 데다 마음을 차분하게 해주는 효과가 있기 때문에 홈 오피스에 사용하기에 좋다. 살짝 어두운 회색은 중립적인 색상에 비해 먼지가 눈에 덜 띈다. 창고에 마련한 이 홈 오피스에 사용된 회색은 오래 사용하더라도 새 것 같은 느낌에 기분 좋게 만드는 효과가 있다. 이 회색은 일상적인 생활에도 업무에도 편안한 색상이다. 내부 색과 조화를 이루도록 창고 외부가 밝은 회색으로 칠해진 이 독특한 홈 오피스는 동료나 고객과의 만남의 장소로도 손색없다.

1. 녹인다.

홈 오피스의 주조색이나 배색을 선택할 때에는 넓은 공간에 해당 색을 칠하면 어떠한 느낌이 들지 반드시 고려해야 한다. 부엌에 마련한 업무 공간이나 거실 혹은 침실 구석에 마련한 홈 오피스처럼 홈 오피스 공간의 벽을 별도의 색으로 칠할 경우 시각적으로 어울리지 못하는 결과를 낳게 되는 경우가 많다. 방 전체를 차지하는 홈 오피스의 경우일지라도 방의 디자인과 충돌하는 배색이나 색상을 사용할 경우 공간이 지나치게 분리되어 보이며 심지어 집의 가치를 떨어뜨릴 수도 있다.

넓은 공간에 홈 오피스를 녹이는 가장 쉬운 방법은 벽과 업무 공간의 색상을 통일하는 것이다. 이 사진에서 램프와 책상 상단, 의자는 모두 은은한 자연의 색상이다. 벽 색상 역시 전반적으로 신선하고 간결한 느낌을 자아낸다

2. 맞춘다.

어디에 홈 오피스를 마련하든 주위 공간을 보완하는 동시에 홈 오피스를 규정하는 시각적인 단서를 활용할 수 있다. 벽면 예술품이 대표적인 예다. 예술품은 공간에 새로운 활력을 불어넣기 위해 언제든 교체가 가능한 데다 어떠한 예술품이 업무에 가장 잘 어울릴지 다양한 시도를 해볼 수 있기 때문이다. 파일 캐비닛, 의자, 심지어 책상 같은 사무용 가구를 고를 때에는 검은색, 갈색, 베이지색, 흰색만 고수하지는 말기 바란다. 샛노란 사무용 의자는 눈을 즐겁게 해주는 요소가 될 수 있으며 밝은 갈색 소파나 회록색 안락 의자와도 잘 어울린다.

개방적인 평면의 이 아파트에서는 짙은 회색의 벽면에 건 밝은 흑백 사진으로 홈 오피스 공간을 규정하고 있다. 대조색이나 보완색의 예술품을 거는 것은 넓은 공간에서 어디까지가 업무 공간인지 규정하는 훌륭하고 확실한 방법이다.

3. 강조한다.

강조색을 사용할 경우 집 안의 전반적인 인테리어 디자인에서 벗어나지 않는 강렬한 색으로 업무 공간을 꾸밀 수 있다. 러그나 이동식 의자 패드, 방음용 벽 테피스트리, 칸막이 스크린(천이나 색 유리, 페인트칠한 나무, 심지어 페인트칠한 금속으로도 만들 수 있다), 책상 압지에 강조색을 시도해 보자.

패턴

패턴은 인테리어 디자인에서 색상의 사촌 격이다. 주의 깊게 고른 홈 오피스 패턴은 시각적인 흥미를 낳고 공간에 활기를 불어넣는다. "주의 깊게"라는 말에 유의하기 바란다. 정신없고 요란한 패턴은 에너지를 끌어올리지만 주의를 앗아가는 시각적인 소음을 낳는다. 두 가지 색조로 된 하나의 단순한 패턴에서 시작해보자. 책상이나 의자 아래 바둑판 모양의 러그를 까는 것이다. 홈 오피스에서 일하는 것이 익숙해질 무렵에는 보다 과감한 패턴을 시도해 봐도 좋다. 패턴은 홈 오피스를 집에 더욱 통합시키는 데 이용될 수도 있다. 각기 다른 방에서 사용되는 공통적인 패턴을 홈 오피스에 적용하는 것이다.

홈 오피스에 사용되는 패턴이 반드시 공간에 녹아들어야 하는 아니다. 이 사진에서 러그나 천장의 선은 벽의 원형 시계와 대조를 이루며 흥미롭고 매력적인 시각적 긴장을 낳는다. 이는 업무 공간에 긍정적인 에너지를 선사한다. 패턴은 보통 방에 약간의 충격을 주기 위해 사용되는데 홈 오피스라고 다르지는 않다.

PERSONALIZATION

맞춤화

홈 오피스의 장점 중 하나는 내가 원하는 대로 꾸밀 수 있다는 것이다. 회사에서 일할 때에는 불가능한 일이다. 동료나 고객의 방문이 잦을 경우 지나치게 나만의 스타일로 꾸밀 수는 없겠지만 하루 종일 혼자서 일하는 사람이라면 업무 시간을 즐길 수 있는 환경을 구축하기 위해 내가 원하는 나만의 홈 오피스를 꾸밀 수 있을 것이다.

식물

실내용 화초는 홈 오피스를 꾸미기 좋은 요소다. 화초는 눈을 즐겁게 하는 색상과 형태로 업무 공간을 부드럽고 편안하게 만들어준다. 대부분의 실내용 화초는 이따금 물만 주면 되며 일부는 실제로 홈 오피스의 공기를 정화시키기도 한다(아래 내용을 참고하기 바란다). 실내용 화초는 업무 공간에 디자인적으로 악센트를 줄 수 있는 훌륭한 기회다.

대표적인 공기 정화용 홈 오피스 식물

실내용 화초는 실외용 화초처럼 이산화탄소를 흡수하고 산소를 내뱉지만 국부 혹은 집 전체 공기 정화 장치를 대신할 수는 없다는 것을 명심하기 바란다. 하지만 일부 식물은 공기 중의 독소를 차단하는 데 꽤 효과적이다. 공간에 화분을 한 개 이상 놓을 경우 이러한 효과가 배가 된다. 어떠한 경우든 시각적으로 아름다운 효과를 내는 것만은 확실하다. 대부분의 실내용 화초처럼 아래 소개하는 공기 정화용 식물들은 유지 관리가 쉬우며 내음성이 있다. 이 화초들은 홈 오피스에 들어오는 햇빛의 양에 관계없이 잘 자라기도 한다.

자주달개비

행운목

고무나무

보스턴고사리

대나무야자

장식품

홈 오피스를 설계할 때에는 장식품도 고려하기 바란다. 홈 오피스가 사무실 건물 내 위치한 업무 공간과 크게 다른 점은 나만의 업무 공간을 맞춤화할 수 있다는 것이다. 장식품을 설치하면 공간을 나만의 스타일로 꾸밀 수 있다. 나의 취향이 더 많이 들어갈수록 더욱 편안한 공간이 되며, 편안한 업무 공간이 될수록 업무 생산성이 높아진다. 우선 집의 나머지 공간을 살펴보자. 특정한 색상이나 질감, 다른 방에 놓인 사물을 홈 오피스에도 활용할 경우 전반적인 인테리어 디자인에 홈 오피스를 통합할 수 있다. 예를 들어 캐비닛 손잡이, 조명, 액자 같은 단순한 사물은 홈 오피스를 전반적인 인테리어 디자인과 시각적으로 통일할 수 있다.

직물은 지나치게 실용주의적인 공간이 될 수 있는 홈 오피스에 질감과 색상(그리고 패턴)을 부여해 부드러운 공간으로 연출해주기 때문에 훌륭한 홈 오피스 악센트다. 의자 뒤에 걸쳐 놓은 덮개, 화려한 직물로 만든 커튼이나 휘장, 혹은 천으로 만든 벽걸이는 시각적으로 공간을 따뜻하게 만드는 동시에 나만의 공간을 연출하는 데 도움이 된다.

하드웨어조차도 디자인 악센트가 될 수 있다. 이 사진에서는 컴퓨터 모니터 조절용 팔이 책상 다리나 키보드, 마우스와 통일감 있는 재료로 제작되어 홈 오피스의 모습을 보완하고 있다. 크롬이나 금속으로 제작된 팔은 공간의 다른 요소와 어울리지 않았을 것이다.

예술품은 홈 오피스의 모습과 느낌을 나만의 방식으로 꾸밀 수 있는 확실한 방법이다. 적정한 위치에 설치한 괜찮은 예술작품은 공간의 분위기와 성격에 영향을 미친다. 따라서 벽이나 책상, 선반에 어떠한 작품을 놓을지 신중하게 선택하기 바란다. 예술 작품은 시각적으로 흥미를 불러일으켜야 지루하지 않다. 하지만 홈 오피스에 방문객이 정기적으로 찾아온다면 조금 더 신경을 써야 한다. 논쟁을 불러일으킬 만한 작품이나 지나치게 개인적인 작품은 피해야 한다. 반드시 전문가다운 느낌을 줄 수 있는 작품을 고르기 바란다. 그렇지 않으면 가벼운 사람으로 취급받을 수 있다. 공간의 성격과 자신이 하는 업무의 성격도 고려해야 한다. 디자이너의 사무실에는 에너지가 높고 대담한 색상의 예술품이 어울리며, 사서의 사무실이나 편집자의 업무공간에는 정적이고 고요하며 사색적인 작품이 좋다. 어떠한 경우든 예술작품이 공간에 미치는 영향을 고려하는 것이 핵심이다.

책상 위로 보이는 액자 속 예술 작품은 공간에 시각적인 흥미를 부여하며 흰색 공간에 입체감을 선사한다. 끼얹은 듯한 색감 역시 예술 작품의 질감을 보완하는 역할을 한다.

BETTER WAYS TO WORK FROM HOME

효율적인 재택근무 방법

홈 오피스를 완성했다고 끝이 아니다. 재택근무는 자신에게 효과적인 업무공간을 계속해서 찾아나가는 지속적인 과정이다. 홈 오피스에서 효율적으로 일하려면 시간을 들이고 노력을 쏟아야 하며 재택근무의 가능한 이점을 최대한 이용하며 잠정적인 문제를 사전에 예방해야 한다. 이번 장에서는 이 부분에 대해 살펴보자.

성공적인 재택근무를 위해서는 기술적인 측면은 물론 업무와 생활 간의 균형에도 관심을 가져야 한다.

효과적인 재택근무를 위해서는 기술과 워라밸의
다양한 측면에 유의해야 한다.
이번 장에서 이 부분을 전부 다룰 예정이다

WORK-FROM-HOME TIPS

재택근무 팁

재택근무를 해본 적 없는 사람이라면 생산적인 업무 리듬을 타기 쉽지 않을 수 있다. 재택근무가 더 이상 신선하게 다가오지 않을 무렵이면 생산성을 유지하기가 더욱 어려워진다. 물리적인 업무 공간은 이에 큰 영향을 미친다. 하지만 더 큰 문제는 업무에 필요한 규율을 지키되 업무와는 관계없는 생활을 즐기고 휴식을 취할 수 있는 공간이 되도록 집의 분위기를 유지하는 것이다. 둘 사이의 경계는 흐릿해지기 쉽다. 이 임무를 성공적으로 수행하는 일은 하루하루 어떠한 습관으로 임하느냐에 달려 있다. 홈 오피스에서 생산적인 하루를 보내고 난 뒤 나의 집을 온전히 즐기고 싶다면 아래의 지침을 따르기 바란다.

일정 : 일정은 중요하다. 아무런 체제가 없을 경우 재택근무자들은 우왕좌왕할 수 있다. 물론 뜻밖의 일이 발생해 일정을 바꿔야 할 수 있다. 하지만 애초에 아무런 일정이 없어서는 안 된다. 불규칙적으로 일하거나 남들과는 다른 시간에 일해도 괜찮다. 그러한 시간도 미리 일정을 세울 수 있다. 일정을 세우지 않을 경우 우리는 시간을 낭비하는 습관에 빠져 소중한 업무 시간을 잃게 될 것이다.

루틴 : 물론 우리는 로봇이 아니다. 하지만 루틴은 하루에 일정한 체계를 부여하며 다음에 무엇을 할지 스스로에게 알려주는 중요한 장치다. 매일 아침 같은 시간에 먹는 아침은 경주의 시작을 알리는 총소리처럼 업무를 시작하는 방법이 될 수 있다. 업무 중에는 (아무 때나 계속해서 확인하는 대신) 특정한 시간에만 이메일이나 소셜 미디어를 확인하는 루틴을 이용할 경우 주의가 산만해지지 않으며 업무에 집중하는 데 도움이 된다. 업무 중 주의를 산만하게 하는 요인을 차단하는 데 도움이 되는 프로그램과 관련해서는 120페이지를 참고하기 바란다.

성공적인 업무를 위한 옷차림 : 우리가 입는 옷은 우리가 수행할 활동을 미묘하게 결정짓는다. 파자마를 입고 일을 할 경우 자거나 휴식을 취해야 한다고 스스로에게 말하는 셈이다. 일할 때에는 이에 맞는 옷을 갖춰 입기 바란다.

애플리케이션 활용하기 : 재택근무의 효율성을 높이는 데 도움이 되는 소프트웨어가 넘친다. 예를 들어 시간 추적 앱은 우리가 하루의 절반을 소셜 미디어에 낭비하지 않도록 도와준다. 일정 관리 프로그램, 파일 관리자, 클라우드 기반 백업을 비롯한 기타 앱은 우리의 시간과 에너지를 절약해주며 우리가 업무와 수익에 집중하도록 도와준다(이러한 애플리케이션과 프로그램의 예는 120페이지를 참고하기 바란다)

휴식 취하기 : 규칙적인 휴식은 회사에서뿐만 아니라 집에서도 중요하다. 스크린에서 벗어나 잠시 산책을 하고 휴식을 취할 경우 업무 집중도도 높아진다. 대략 1시간마다 10분에서 20분 정도 휴식을 취하면 좋다.

규칙적으로 소통하기 : 배달원과 대화를 하든, 현지 커피숍에 들려 커피를 사오든, 동료와 화상 통화를 하든 상관없다. 사회적 소통은 홈 오피스에서 성공적으로 일하기 위해 반드시 필요한 요소다. 단절은 많은 재택근무자들이 겪는 문제로 우울증이나 직업 불만족 같은 문제를 야기할 수 있다.

화상회의

사람들은 화상회의에 보통 노트북을 사용하지만 대부분의 모델은 화상통화에 적합하지 않다. 노트북 화면은 대규모 회의에서 세부적인 사항이나 다른 참석자들을 자세히 살필 수 있을 만큼 크지 않으며 내장형 카메라의 화질도 그리 높지 않다. 가능하면 데스크톱이나 일체형 컴퓨터를 사용하거나 이번 장에서 제시하는 또 다른 해결책을 사용하기 바란다.

장식품

집안에서 하는 화상회의는 빠르게 일상으로 자리 잡고 있다. 다행히 많은 이들이 동시에 온라인 회의에 참석할 수 있게 해주는 소프트웨어가 많이 개발되었다. 문제는 기술적으로는 큰 발전이 있었지만 화상회의에 참석하는 이들이 지켜야 할 상식은 아직 충분히 정립되지 않았다는 것이다. 이제부터 구체적인 지침을 살펴보도록 하자.

업무 차 진행하는 화상회의의 잠재력을 극대화하기 전에 고려해야 할 주요한 사항은 조명, 소리, 화질이다. 기본적인 장치에서부터 최고급 영상이나 오디오에 이르기까지 다양한 등급의 장치가 존재한다. 차이는 우리가 사용하는 장비의 사양, 즉 가격에 달려 있다. 자신의 필요사항이나 예산에 따라 합리적인 수준에서 결정하기 바란다. 한 달에 한 번 동료들과 갖는 회의를 위해 비싼 장비를 갖출 필요는 없다. 하지만 잠재적인 고객이나 이사회에 정기적으로 발표를 한다면 고급 조명 장치, 카메라, 마이크로 업그레이드하는 편이 좋다.

조명은 화상회의에서 가장 간과되는 요소다. 이는 화상회의의 기술적인 측면에는 영향을 미치지 않지만 상대에게 보이는 자신의 모습에는 큰 영향을 미친다. 자연광이나 인공조명을 사용하되 둘을 섞지는 말기 바란다. 화상회의에 자연광을 사용할 경우 (블라인드나 커튼이 있을지라도) 창문을 직접 등지지 않아야 한다. 얼굴에 윤곽이 생기거나 붉은 부위가 쉽게 생기기 때문이다. 창문은 카메라 뒤에 있어야 하며 옆으로 살짝 비켜나 있으면 좋다. 홈 오피스의 창문을 옮길 수는 없으므로 화상회의를 할 때에는 인공조명을 사용하는 편이 편리하다.

화상회의에 사용하기 좋은 자연광이다. 밝은 자연광은 멀찍이서 얼굴을 비추지만 사용자에게 직접 내리쬐지는 않는다.

사무용 램프가 한 개 밖에 없을 경우 카메라 뒤에서 얼굴을 향해 살짝 옆쪽에서 비추기 바란다. 빛을 인근 벽에 반사시킨 뒤 얼굴을 향해 쏘면 더 괜찮은 효과를 볼 수 있다. 전문 사진사는 "스크림" 조명-불투명하며 빛을 분산시키는 스크린으로 덮인 조명-으로 사물에 빛을 쏜다. 우리도 램프를 흰색 피지나 이와 비슷한 흰색 물질(가연성이 없는 물질)로 감싸 이 같은 효과를 연출할 수 있다. 강조점이나 붉은 부위, 그림자가 발생하지 않도록 하는 것이 핵심이다.

정기적으로 화상회의를 하거나 중요한 고객과 온라인으로 회의를 가질 경우 3점 웹 비디오 조명에 투자해도 좋다. 빛이 책상으로 향하도록 만드는 분산 스크린과 브래킷 혹은 클램프가 달린 LED 패널 조명이 대표적이다. 이러한 조명은 상당수가 USB로 호환이 가능하며 컴퓨터나 스마트폰으로 작동 가능하다.

음향 장치는 효과적인 조명과 밀접한 관련이 있다. 화상회의나 음성회의에 참석할 경우 잘 듣고 잘 전달해야 한다. 가장 기본적으로 컴퓨터에 내장된 마이크를 이용할 수 있다. 홈 오피스의 음향 시설과 컴퓨터의 질에 따라 내부 마이크의 오디오는 "형편없는 수준"에서 "그럭저럭 괜찮은 수준"에 이르며 결코 이상적이지 않다.

조금만 돈을 투자하면 USB 마이크를 구입할 수 있다. 컴퓨터에 꽂으면 화상회의에서 훨씬 더 선명한 목소리를 전달할 수 있는 장치다. 지향성 마이크는 더욱 좋다. 입에 바로 갖다 댈 수 있기 때문이다. 소형 마이크는 입 가까이에 놓을 수 있는 클립 온 버전이다. 사용하기 쉽고 화면에서 거의 보이지 않으며 유선 혹은 무선 버전으로 출시된다.

비싼 마이크일수록 화상회의 도중 선명하고 정확한 소리를 전달하기 위해 소리를 여러 단계로 조절할 수 있다. 최소한 소음 제거 기능이 달린 마이크를 사용하기 바란다. 우리의 귀는 배경 소음을 걸러내는 데 뛰어나지만 화상회의 소프트웨어는 그렇지 않기 때문이다. 식기세척기나 선풍기 소리는 생각보다 주의를 산만하게 만든다.

우리가 듣는 소리도 고려해야 한다. 컴퓨터에 내장된 스피커를 사용할 수 있지만 그것만으로는 충분하지 않기 때문에 헤드폰을 추천한다. 우리의 귀는 이어폰이나 헤드폰을 사용할 경우 세부사항을 더 잘 들을 수 있다. 카메라처럼 자연스럽게 보이지는 않지만 집 안의 다른 이들을 방해하고 싶지 않거나 다른 이들이 들어서는 안 되는 민감한 사항을 논하는 회의를 할 때 도움이 된다. 이따금 화상회의를 한다면 이어폰으로 충분하겠지만 자주 혹은 오래 화상회의를 할 경우 헤드폰이 더 편안할 것이다.

홈 오피스 화상회의에 필요한 세 번째 요소는 **카메라**다. 최신형, 최고급 컴퓨터에는 비교적 괜찮은 카메라가 내장되어 있다. 노트북 카메라나 구형 컴퓨터의 카메라는 효율적인 화상회의를 하기에는 질이 조금 낮을 수 있다. 다행히 기본 HD 외부 웹캠으로 업그레이드하는 데에는 큰 비용이 들지 않는다. 여러 가지 모델 중에서 선택할 수 있지만 모두가 상당히 작고 쉽게 연결해 사용할 수 있으며 컴퓨터 스크린에 부착할 수 있다. 오늘날 이러한 카메라는 대부분 고해상도로 설정되어 있지만 최종 이미지가 정말로 고화질이 되려면 컴퓨터의 영상 촬영 기능, 화상회의 소프트웨어, 설정, 광대역 연결망 속도 등 수많은 요인이 받쳐줘야 한다.

이어폰은 오늘날 널리 사용되는 물건이다. 화상회의에 이어폰을 사용해보자. 이어폰은 컴퓨터 스피커보다 소리 전달 능력이 뛰어나기 때문에 다른 회의 참석자들의 소리를 더욱 선명하게 들을 수 있다. 헤드폰보다 시각적으로 눈에 덜 띄기도 한다.

화상회의를 시작하기 전에 점검해야 하는 세 가지 사항

❶ 잡동사니를 정리한다

화상회의를 시작하기 전에 카메라를 켠 뒤 자신의 뒤 쪽을 살펴보기 바란다. 화면 안에 들어오는 것이라면 전부 상대에게 보일 것이다. 문에 걸어 놓은 더러운 수건은 간과하기 쉬운 물건이다. 온갖 장식품은 전문가답지 않아 보일 수 있다. 일부 비디오 채팅 프로그램에서는 "흐리게" 기능(뒤편을 뿌옇게 처리하는 기능)을 자동으로 사용해 이 문제를 피할 수 있다. 하지만 전문가답지 않은 것을 감추기 위해 이 기능에 의존하지는 말기 바란다.

❷ 움직임을 최소로 한다

애완동물이나 창가에 보이는 차들처럼 화면 안에 움직이는 대상이 없을 경우 우리가 말할 때 상대가 우리에게 쉽게 집중할 수 있다. 말할 때에는 움직임을 최대한 자제하기 바란다. 특히 이동식 의자에 앉아 있을 경우 회의를 시작하기 전에 바퀴를 잠거두기 바란다.

❸ 소프트웨어에 익숙해진다

회의 도중 음소거 버튼을 찾아 헤맬 경우, 특히 실수로 음소거 버튼을 누르거나 자신의 모습을 차단할 경우 회의가 중단될 수 있다. 소프트웨어 작동 기능에 익숙해지기 바란다. 해당 소프트웨어의 웹사이트에는 대부분 지침서가 올라와 있다.

이상적인 비디오 프로토콜

업무와 관련된 화상회의 프로토콜은 부분적으로 회의(동료들끼리 하는 비공식적인 모임이나 상사에게 직접 하는 보고)에 참석하는 사람에게 달려 있다. 회의를 매끄럽게 진행하고 실수를 미연에 방지하는 데 도움이 되는 일반적인 지침은 다음과 같다.

준비한다.

카메라 앞에 서기 전에 간식을 먹어둬라. 마이크가 얼마나 많은 소리를 잡아내는지 아는가? 빈속에서 나는 꾸르륵 소리도 예외는 아니다. 입이 마를 경우 카메라를 끈 뒤 물을 마시기 바란다. 필요한 서류는 미리 준비해둬 정신없이 참고 자료를 찾는 모습을 보여주지 않기 바란다. 컴퓨터 리소스나 업로드 대역폭에서 화상회의 소프트웨어의 용량을 잡아먹을 다른 애플리케이션이나 프로그램은 종료하기 바란다. 다른 프로그램이 실행중일 경우 화상회의의 연결 상태가 고르지 못할 수 있다.

거리와 높이를 정한다.

카메라나 화면과 너무 가까이 앉을 경우 머리만 보이고 다른 부분은 보이지 않을 수 있다. 반대로 너무 멀리 앉을 경우 화면 안에 갇힌 것처럼 보이게 된다. 가슴 아랫부분과 머리끝이 화면에 담길 정도로 카메라에서 적당히 떨어져 앉기 바란다. 회의 도중 카메라를 향해 다가오거나 멀어지지 않도록 한다. 카메라가 눈높이에 오도록 의자 높이를 조절해 회의에 참석하는 상대방을 직접 바라보는 것처럼 보이도록 한다.

옷차림에 신경 쓴다.

우리의 옷차림은 화상회의에서 보이는 나의 모습에 큰 영향을 미칠 수 있다. 빛이 반사되는 보석은 피하기 바란다. 주의를 산만하게 하고 눈에 거슬리는 잔상을 야기할 수 있다. 잔무늬가 들어간 옷도 피하기 바란다. 일부 무늬는 시각적인 진동을 유발하는 물결무늬 패턴을 만들어낼 수 있기 때문이다. 검은색이나 어두운 색, 흰색보다는 밝은 단색이 좋다.

화상회의를 할 때에는 격식에 맞게 차려 입어야 하지만
효과적인 비디오 스트리밍을 위해서는 복잡한 패턴이나 빛을
받는 장신구는 피해야 한다. 사진 속 근로자 정도가 적당하다.

화면 공유에 주의한다.

화면 공유 기능을 사용하면 스프레드시트나 그래픽 파일처럼 데스크톱에 열어놓은 파일을 다른 참석자에게 보여주게 된다. 다른 이들과 협력하는 작업에서 이는 상당히 유용한 기능이다. 다만 내가 작업 중인 파일뿐만 아니라 스크린 전체가 보인다는 사실을 명심하기 바란다. 개인적인 사진을 데스크톱 배경화면으로 설정해 두었거나 데스크톱에 독특한 이름의 폴더가 있을 경우 미리 정리하기 바란다.

채팅 기능은 이따금 사용한다.

오늘날 화상회의 소프트웨어는 대부분 다른 이들이 말하는 동안 내 생각을 적을 수 있는 채팅 기능을 제공한다. 다수가 회의에 참석할 때 그 중 여러 명이 채팅을 할 경우 말하는 이에게 집중할 수 없게 되며 주의가 산만해지게 된다. 세션 중 재자에게 영상이 멈췄다는 사실을 알리는 등 꼭 필요할 때에만 이 기능을 이용하기 바란다.

방을 나누는 스크린은 쉽게 설치한 뒤 다시 접어둘 수 있는-혹은 필요할 때 방에서 사용할 수도 있는-완벽한 배경이다

임시 배경을 만들려면 커다란 폼 보드나 큼지막한 게시판처럼 딱딱하고 커다란 판을 구입해 자신이 원하는 대로 꾸미면 된다. 카메라를 잘 받을 만한 색으로(너무 어둡거나 너무 밝지 않게) 페인트칠을 하거나 천으로 감싸도 좋다. 이 배경으로 정리가 되지 않은 지저분한 책장이나 유틸리티 박스를 가리기 바란다. 업무 공간 뒤에 커튼봉을 설치한 뒤 가리고 싶은 곳에 커튼을 쳐도 좋다.

상대방의 주의를 앗아가지 않을 만큼 멀찍이 떨어진 책장은 배경으로 사용하기 아주 좋다.

노트북이 있다면 어디에서 화상통화를 할지 마음대로 정할 수 있다. 널찍한 거실의 한 구석에 놓인 사용이 적은 선반 아래는 어떠할까? 꼼꼼히 고른 장식 용품을 놓아 배경에 활기를 부여하되 상대의 주의를 앗아갈 정도로 화려한 장식은 피하기 바란다. 부엌 조명이 화상통화를 하기에 완벽한 데다 새로 들인 아름다운 수납장이 있는가? 화상통화를 하기로 결정한 조리대를 정리한 뒤 이곳을 마음껏 이용하기 바란다. 장소가 한정되어 있지만 정말로 괜찮은 배경이 필요할 경우 장식적인 물건을 배경처럼 이용할 수 있다. 회의가 끝난 뒤에는 치워 그 공간을 원래 목적대로 사용하면 된다.

화상회의 녹화하기

화상회의를 녹화하는 데에는 몇 가지 중요한 이유가 있다. 첫째, 화상회의를 재생해보면서 나의 행동을 개선할 수 있다. 나의 발표를 점검하고 잘못된 부분을 파악할 수 있는 것이다. 이는 영상이 끊기지 않았는지 음성이 선명했는지 등 회의의 기술적인 부분을 점검할 수 있는 기회이기도 하다. 긴 회의에서 논의된 사항들을 다시 점검하며 놓친 부분이 없는지 확인할 수 있으며 요약본을 작성할 수도 있다. 화상회의에 고객이나 외부 계약자가 참석할 경우 녹화는 향후 문제가 발생할 경우 법적인 보호 장치가 될 수도 있다.

단 고려해야 하는 사항이 있다. 늘 투명해야 한다. 상대에게 이 영상이 녹화되고 있음을 알리기 바란다. 이는 법적인 요구사항일 수도 있다. 기업이나 고객에게 영상 녹화와 관련된 규칙이 있는지 확인하기 바란다. 독점적인 정보가 논의될 경우 녹화를 하기 전에 명백한 허가가 필요할 것이다. 어떠한 경우든 영상 녹화 파일을 신중하게 다루는 것은 우리의 윤리적 책임이다.

WORKING FROM HOME WITH KIDS

아이를 돌보며 재택근무하기

글로벌 팬데믹이 가져온 예외적인 상황으로 집에서 일하는 부모들은 그 어느 때보다도 높은 스트레스에 시달리고 있다. 홈 오피스에 적응하는 것도 쉽지 않은데 단체 활동을 할 수 없게 된 아이들이 집에 머물면서 부모들의 짐이 더욱 커졌다. 아이들이 많을수록, 아이의 나이가 어릴수록 문제는 더욱 심각해진다.

아이들의 시간과 에너지를 관리해가며 내 일을 하려면 우선 정직해져야 한다. 아이들이 이해할 수 있을 만큼 나이를 먹었다면 함께 솔직한 대화를 나누기 바란다. 부모가 왜 집에서 일하는지, 그것이 무엇을 의미하는지 설명해줘야 한다. 우리가 선택할 수 있는 일이 아니라고, 이렇게 번 돈으로 음식이나 옷, 집 등 가족에게 필요한 것들을 구입하는 거라고 말해줘야 한다. 아이들의 세계에 최대한 연결지어 설명해주면 좋다. 홈 오피스에서 하는 일로 번 돈의 일부가 장난감과 휴가에 사용된다는 사실을 언급하기 바란다. 아이들에게 때로는 집에 있는 것이 아니라 사무실 건물에 있는 것처럼 행동해야 한다고 말하자. 이는 아이들이 맡아야 하는 "역할"이다. 그러한 책임이 주어지면 아이들은 놀라울 정도로 자신의 역할을 잘 받아들이며 위기에 대처한다.

아이들은 반복과 강화를 통해 가장 잘 배운다는 사실을 명심하기 바란다. 지침이나 방향을 반복적으로 설명해주어야 하며 아이들이 의도적이지 않게 규칙을 어길 때에는 잘 대처해야 한다. 아이들에게 우리가 줄 수 있는 가장 큰 선물은 인내다. 아이들이 습관으로 삼을 때까지 행동과 관련된 규칙과 지침을 최대한 자주 반복해서 설명하기 바란다.

연령대별로 아이들의 요구사항이 다르다는 사실도 잊지 말아야 한다. 초등학생의 경우 홈 오피스에 아무 때나 들어오지 못하도록 일정을 세워줄 수 있지만 중학생의 경우 아이가 방치되었다는 느낌을 받지 않도록 시간을 내어 아이와 대화를 나눠야 할지도 모른다

어린 자녀를 돌보면서 홈 오피스에서 일하려면 균형과 평정심 유지한 상태에서 온갖 요구 사항을 조화롭게 처리할 줄 알아야 한다.

업무 도중 아이에게 잠시 곁을 내어주기 바란다. 아이들이 원하는 것은 부모와 보내는 잠시잠깐의 즐거운 순간뿐일지도 모른다. 부모가 곁에 있다는 사실에 안심한 아이들은 혼자서도 몇 시간 동안 잘 놀지도 모른다.

홈 오피스 시간을 위한 아동 친화적인 규칙

아이들을 위해 기본적인 지침을 세울 경우 홈 오피스에서 보내는 시간과 가족의 요구 사이에서 보다 쉽게 균형을 이룰 수 있다. 아이들은 올바른 행동과 잘못된 행동을 말해주지 않을 경우 어떻게 해야 할지 잘 모른다는 것을 명심하자.

❶ 암호를 만든다 : 아이들에게 소리를 지르면 아이들은 맞받아 소리를 지르게 되어 있다. 이 소리는 화상회의에 방해가 된다. 그러니 소리를 지르는 대신 행동을 요하는 암호를 만들기 바란다. 아이들에게 "내가 X라고 말하면 조용히 하고 TV를 끄는 거야." 라고 가르치면 된다. 제대로 이해했는지 물은 뒤 업무 도중 시험 삼아 한 번 해보기 바란다. 시끄러운 행동을 할 때 사용하는 암호, 아이들이 홈 오피스에서 나가야 할 때 사용하는 단어 등을 만들 수 있다. 암호는 우리가 아이들에게 화를 분출하지 않고 아이들의 마음을 상하게 만드는 일을 막아주는 훌륭한 장치다.

❷ 홈 오피스에 들어올 수 있는 지침을 세운다 : 아이들은 홈 오피스에 언제 들어가도 되는지 알아야 한다. 거실 한 편에 위치한 홈 오피스도 예외는 아니다. 따라서 확실히 지침을 세우기 바란다. 이 지침은 시간이나 상황 혹은 이 모두를 바탕으로 할 수 있다. 지침이 없을 경우 아이들은 아무 때고 홈 오피스에 들어와 업무에 방해가 될 수 있다. 이는 아이들에게도 우리에게도 좋지 않다.

❸ 포인트 시스템 : 뇌물이라 할 수도 있겠지만 적당히만 사용한다면 효과적인 행동 교정 장치가 될 수 있다. 우리의 정신 상태를 온전하게 유지하는 한편 일도 제대로 할 수 있게 해주는 단순한 시스템이다. 아이들이 우리의 업무시간과 홈 오피스 규칙을 잘 지켰을 때 포인트를 주자. 이 포인트는 금요일 저녁 피자나 음료를 사는 데 사용될 수 있다. 물론 과하지 않아야 하겠지만 이는 우리가 업무에 집중할 때 아이들이 올바르게 행동하게 만드는 긍정적이고 즐거운 해결책이 될 수 있다. 채찍과 함께 사용할 수 있는 당근인 것이다.

아이들을 위한 홈 오피스 꾸미기

아이들이 집에서 업무가 이루어지는 상황에 익숙해지도록 도울 수도 있지만 아이들을 어느 정도 수용하는 홈 오피스를 구축할 수도 있다. 가장 단순하고도 기본적인 방법은 방 안에 어린 아이들을 위한 "재미난" 상자를 두는 것이다. 이 상자를 온갖 종류의 저렴한 물건-비싸지 않은 장난감이나 아이들의 상상력을 자극하고 우리가 일하는 동안 아이들을 집중하게 만드는 공작 용품-으로 채우기 바란다. 크레용이나 색연필이 붙어 있는 컬러링 북, 점토나 퍼티, 주름종이, 아이용 가위, 모조지, 스케치북, 마커는 모두 이 상자에 넣기 좋은 물건이다. 상자에서 물건을 꺼낸 사람은 누구든 방에서 나가기 전에서 이 물건을 상자에 도로 넣어야 한다는 규칙을 세우기 바란다. 매주 새롭고 재미난 물건을 채워 아이들을 유혹하자.

조금 더 큰 아이들을 위해 홈 오피스를 꾸밀 때에는 조금 다른 전략이 필요하다. 고객이나 동료와 직접적인 소통-직접 만나든 화상회의를 하든-이 많이 이루어지지 않는 일이라면 홈 오피스에 아이의 작업 공간을 마련해보자. 이곳은 아이들이 숙제나 개인적인 프로젝트를 하고 일기를 쓰거나 조용히 앉아서 무언가를 하는 장소가 될 수 있다. 아이와 함께 시간을 보내면서 업무도 볼 수 있기 때문에 두 마리 토끼를 다 잡을 수 있는 전략이다. 이렇게 할 경우 우리는 아이의 숙제와 학급 프로젝트를 보다 꼼꼼히 살필 수 있으며 아이의 진도를 살필 수도 있다.

하지만 아이를 챙기고 홈 오피스의 요구사항을 충족시키기 위해 아이에게만 신경을 써서는 안 된다. 부디 상사와 동료, 고객과 거래처에도 솔직하게 말하기 바란다. 아이를 돌보고 있다는 사실을 숨기거나 축소해서는 안 된다. 수많은

조금 큰 아이들과 함께 일하려면 홈 오피스에 아이들의 작업 공간을 붙이면 좋다. 우리가 일을 하는 동안 아이들은 숙제를 하거나 공작놀이를 하거나 그냥 옆에 앉아 있을 수 있다. 업무를 하면서도 아이를 지켜볼 수 있는 훌륭한 방법이다.

동료가 우리와 같은 입장이라는 점을 잊지 말자. 아이를 돌보는 일 때문에 회의에 참석하지 못하거나 회의 일정을 다시 잡아야 할 수도 있음을 모두에게 확실히 밝히기 바란다. 다른 이들이 우리가 아이들을 데리고 일하거나 아이의 일정에 맞춰 일해야 한다는 사실을 알게 되면 우리와 일할 때 유연성을 발휘할 것이다. 하지만 우리가 왜 자꾸 회의 일정을 다시 잡는지 이유를 알 수 없을 경우 그렇게 할 확률이 낮다.

아이를 돌보면서 집에서 일하려면 가능한 자원을 잘 활용해야 할지도 모른다. 화상통화를 하거나 집중이 필요한 업무를 처리할 수 있도록 할머니나 할아버지더러 일주일에 한 번 아이를 맡아 달라고 부탁할 수 있다. 파트너나 배우자와 번갈아가며 양육 책임을 맡아 방해받지 않는 긴 업무 시간을 만들 수도 있다. 물론 업무에 전념해야 하고 하루 중 오랜 시간 집중해야 하는 고강도 일이라면 경험 있는 베이비시터나 상주 보모 같은 전문가를 고용해야 한다. 어떠한 경우든 그들을 고용해야 할 필요성을 느껴 도움을 요청하거나 전문가를 고용할 조치를 취해야 도움을 받을 수 있다는 사실을 명심하기 바란다.

기타 여러 가지 구체적인 변화는 방해를 덜 받고 보다 효율적으로 일하는 데 도움이 될지도 모른다. 소리를 차단하는 전략은 아이가 있는 집에서 일하는 이들의 삶을 훨씬 쾌적하게 만들어 준다. 이와 관련해서는 37페이지를 참고하기 바란다. 아이들이 만들어내는 소음은 홈 오피스를 어디에 마련할지 결정하는 데에도 영향을 미칠 수 있다. 아이들이 엄마나 아빠의 컴퓨터가 게임기보다 재미있는지 살피는 것을 막으려면 집에서 사용하는 컴퓨터에 비밀번호를 걸어놓는 것도 잊지 말아야 한다.

나란히 앉아서 일할 경우-우리가 일을 하는 동안 아이는 혼자서 노는 것에 가깝지만-꽤 조용한 시간을 함께 보낼 수 있다. 부엌 탁자에서 1시간 동안 함께 일한 뒤 홈 오피스로 돌아가 필요한 업무를 처리하기 바란다.

TAX ADVANTAGES

세제 혜택

재택근무의 이점 중 하나는 특정한 홈 오피스 공간과 관련해 세제혜택을 받을 수 있다는 것이다. 자신의 세금 현황, 받고 있는 다른 공제 내역, 홈 오피스의 크기와 범위에 따라 이 혜택은 엄청날 수 있다. 아래는 2019년 회계연도를 기준으로 한 일반적인 요구사항과 규제사항이다. 하지만 세법은 계속해서 바뀐다는 사실을 잊지 말기 바란다. 홈 오피스를 꾸밀 때 회계사를 비롯한 전문가와 상의하거나 국세청에 직접 문의해야 하는 이유다.

전용

홈 오피스 공간을 공제할 수 있는지 여부는 "전용"인지 "상근"인지에 달려 있다. 홈 오피스가 자신의 주요 사업 공간이어야 한다는 뜻이다. 우리가 해당 공간에 상근하며 작업하는 것만은 분명하다. 하지만 단독 사용인지 여부-그리고 공제 자격이 박탈당하는 부분-는 덜 명확하다. 배우자가 일주일에 하룻밤 요금 납부를 위해 그 공간을 사용하거나 여러분이 업무 외 시간에 취미 활동을 하는 데 그 공간을 사용할 경우 홈 오피스 공제를 받을 수 없다.

분리

홈 오피스가 집의 나머지 공간과 완전히 분리되어 있을 때 공제는 더욱 명확해진다. 하지만 대부분 명확한 분리를 해두면 해당 공간은 공제받을 자격을 쉽게 갖출 수 있다. 칸막이나 독립적인 책장 같은 단순한 사물을 이용하기 바란다.

주요 업무

홈 오피스는 우리의 주요 업무가 발생하는 공간이자 수입을 버는 수단으로 사용되어야 한다. 여러분이 잘 나가는 아마추어 주식 투자자라 이 공간을 이용해 상당한 수익을 낼지라도 해당 부분은 공제를 받을 수 없다. 저녁 시간이나 주말에 온라인 플랫폼을 이용해 직접 만든 물건을 파는 교사나 은행원, 보험사 직원 역시 마찬가지다.

비율

위 기준을 전부 만족시켰다면 어떠한 종류의 공제를 받게 될까? 이는 (2019년 기준으로) 집 크기 대비 오피스의 비율에 달려 있다. 예를 들어 (책상, 수납가구, 업무 공간을 포함한) 여러분의 오피스가 100제곱피트이고 여러분의 집이 1,000제곱피트라고 치자. 공제에 해당되는 여러분의 "업무 비율"은 10퍼센트(100÷1000=10%)이다.

비용

회계연도에 홈 오피스에서 이루어지는 수정이나 개선 사항은 보통 전부 공제받을 수 있다. 집 전화를 업무에 사용할 경우(전담 번호가 있거나 업무용 핸드폰을 사용할 경우 이 비용 역시 공제받을 수 있다) 공과금이나 전화 요금을 이전에 산정한 비율만큼 공제받을 수도 있다. 조금 까다롭기는 하지만 세금 소프트웨어를 이용하면 자동으로 계산할 수 있다. 주택을 소유하고 있다면 업무에 전용하는 공간의 가치가 하락하는 만큼 공제받는 부분도 줄어든다. 세입자의 경우 계산이 보다 단순한데, 전체 집세 중 "사업 비율"만큼 공제가능하다. 주택 소유자라면 보험, 협회비, 기타 보안 서비스의 비율도 공제에 포함된다는 사실을 명심하기 바란다.

USEFUL APPLICATIONS AND PROGRAMS

유용한 애플리케이션과 프로그램

재택근무에는 수많은 난제가 수반된다. 대부분의 기업 본사와는 달리 여러분의 거실에는 IT 담당 직원이 없다. 그 말인 즉 효율적인 일정에서부터 팀 업무 관리, 청구서 작성하기에 이르기까지 온갖 디지털 업무를 우리 스스로 알아서 해결해야 한다는 뜻이다. 다행히 단순하고 사용자 친화적인 프로그램을 다양하게 이용할 수 있다. 대중적으로 사용되는 프로그램과 애플리케이션을 일부 소개하겠다. 실제로는 이보다 훨씬 더 많은 프로그램이 존재한다. 무료로 사용 가능한 것도 있고 무료 체험 기간을 제공하는 것도 있다.

클라우드 기반 백업 서비스

아이드라이브(www.idrive.com): 처음에는 무료로 제공되며 필요한 저장 공간에 따라 여러 단계의 유료 서비스를 제공한다. 핸드폰, 노트북, 데스크톱 컴퓨터 등 다양한 장치를 백업할 수 있다.

SOS 온라인 백업(www.sosonlinebackup.com): SOS는 해커나 랜섬웨어 같은 악성 소프트웨어로부터 파일을 안전하게 보호하는 보안 서비스를 중점적으로 홍보한다. 무료 서비스는 없으나 기본 서비스가 한 달에 5달러 밖에 되지 않는다.

차단 앱

세린(www.serenapp.com): 맥 사용자만 이용 가능한 세린은 소셜 미디어를 비롯해 시간을 낭비하게 만드는 대상을 하루 중 제한된 시간에만 이용할 수 있도록 특정 웹사이트와 애플리케이션을 차단해주는 맞춤형 앱이다.

콜드 터키(www.getcoldturkey.com): 모든 플랫폼에서 사용 가능한 콜드 터키는 "인터넷에서 가장 강력한 웹사이트 차단 장치"라고 스스로를 홍보하고 있다. 설정을 번복하는 것을 어렵게 만드는 이 프로그램은 생산적인 활동을 강화하고 습관을 바꾸는 데 도움이 된다.

문서 서명

어도비 필 앤 사인(www.acrobat.adobe.com/us/en/mobile/fill-sign-pdfs.html): 무료로 지원되는 이 앱은 핸드폰이나 태블릿으로 계약서 같은 문서에 서명하거나 PDF 형식의 문서를 채울 때 이용할 수 있다.

다큐사인(www.docusign.com): 다큐사인은 구독 서비스로 운영되며 문서에 서명해 제출할 일이 잦지만 번거롭게 프린트를 하고 스캔을 하는 데 시간을 낭비하고 싶지 않은 변호사나 인재 관리자, 판매원이 활용하기 좋은 프로그램이다.

파일 공유

드롭박스(www.dropbox.com): 클라우드에 기반한 다른 파일 저장 서비스처럼, 드롭박스는 사용자에게 특정한 양의 무료 저장 공간을 주며 추가 저장 공간이 필요한 사람에게 다양한 유료 서비스를 제공한다. 쉽게 파일을 올리거나 내려 받을 수 있으며 다른 이들을 초대에 수정에 참여시킬 수도 있다.

박스(www.box.com): 드롭박스의 직접적인 경쟁자인 박스는 무료 저장 공간을 일부 제공하며 저장 공간과 기타 특징을 추가하고 싶은 사용자에게는 유료 서비스를 제공한다.

오피스 프로그램

구글 닥스/시트/캘린더: 업무 관련 문서를 전부 클라우드에 보관하는 것을 염려하는 이들도 있지만 구글은 비교적 쉽고 안전한 방법을 제안한다. 구글 닥스는 마이크로 소프트의 워드를, 구글 시트는 엑셀을 대체하도록 만들어졌다. 이 프로그램들은 마이크로 소프트의 프로그램들보다는 기능이 조금 적지만 닥스와 시트는 무료로 사용할 수 있으며 워드나 엑셀을 비롯한 기타 포맷과 호환이 가능하다.

프로젝트/작업 흐름 관리

베이스캠프(www.basecamp.com): 이 프로그램은 입증된 팀 프로젝트 관리 도구로 크고 작은 팀 프로젝트에서 일체형 지휘소의 역할을 한다. 팀원들은 소통하고 디지털 파일이나 문서를 제출하고 조직하는 등 많은 일을 수행할 수 있다.

트렐로(www.trello.com): 트렐로는 개인이나 팀의 업무 관리와 협력을 위해 체크리스트 관리 기능을 제공한다.

업무 관리

투두이스트(www.todoist.com): 투두리스트를 작성하는 사람, 기술을 좋아하는 사람이라면 투두이스트에 만족할 것이다. 이 프로그램은 말 그대로 디지털 투두리스트 생성기이자 관리 장치이다.

화상통화

줌(www.zoom.us.): 줌은 코로나가 발발하면서 인기가 치솟았다. 이 프로그램은 거의 무한에 가까운 사용자가 온라인 회의에 참석할 수 있게 해준다. 직관적이고 사용하기 쉬운 특징 덕분에 인기를 끌고 있다.

슬랙(www.slack.com): 슬랙은 프로젝트와 커뮤니케이션 관리 도구를 결합한 채팅을 바탕으로 한 팀워킹 환경을 제공한다.

스캔 관리

어도비 스캔(www.acrobat.adobe.com/us/en/mobile/scanner-app.html): 이 편리한 최첨단 앱은 손으로 작성한 노트에서부터 업무용 계약서에 이르기까지 어떠한 문서라도 사진을 찍어 스캔할 수 있도록 해준다. 스캔한 문서를 프로그램으로 처리해 컴퓨터로 전송하면 된다.

파일센터DMS(www.filecenterdms.com): 스캔한 문서의 관리 시스템을 설정할 수 있는 프로그램이다. 클라우드에 기반한 서비스와 통합하면 업로드한 스캔 문서를 컴퓨터가 아닌 다른 곳에 안전하게 보관할 수도 있다. 이 프로그램은 PDF 문서의 글자를 찾을 수 있게 해주는 광학식 문자 인식(OCR) 기능도 갖추고 있다.

PDFpen(www.smilesoftware.com/pdfpen): 엄밀히 말하면 스캔 프로그램은 아니지만 스캔한 PDF 문서로 작업할 수 있게 해주는 프로그램이다. 이 프로그램을 이용하면 읽기만 가능 문서를 연필 도구로 텍스트를 추가하거나 편집하고 선을 그리거나 서명할 수 있는 문서로 변환할 수 있다.

세금 공제

IRS 홈 오피스 세금 공제 페이지(www.irs.gov/businesses/small-business-self-employed/home-office-deduction)

시간 관리

타임캠프(www.timecamp.com); 이 프로그램은 시간 당 고객에게 요금을 청구하는 사람이 사용하기 좋다. 이는 해당 프로젝트에 걸리는 시간을 산정해 이에 맞게 청구서를 조정할 수 있는 훌륭한 방법이기도 하다.

레스큐타임(www.rescuetime.com): 효율성을 극대화하고자 하는 재택근무자에게 유용한 레스큐다임은 소셜미디어 사이트, 업무 문서를 비롯한 기타 디지털 장소에서 보낸 시간을 자동으로 추적하는 도구다. 이 프로그램은 오프라인에서 보내는 시간을 기록하도록 유도해 우리가 어디에서 얼마나 많은 시간을 보내는지 정확히 기록할 수 있도록 해주기도 한다.

클로키파이(www.clockify.com): 레스큐타임이 개인을 위한 프로그램이라면 클로키파이는 팀을 위한 프로그램이다. 이 앱은 각 팀원에게 주어진 업무를 추적해 각자가 무슨 일을 하고 있는지, 그 일이 얼마나 오래 걸리는지 알려준다. 프로젝트 청구와 팀 리뷰에 유용할 수 있으나 시간과 업무를 수동으로 입력해야 한다.

SECURITY

보안

홈 오피스의 보안 문제를 해결하기 위해 CIA와 계약할 필요는 없다. 홈 오피스 컴퓨터의 기본적인 설정만으로도 우리는 수천 달러를 절약할 수 있다. 여러분은 고객의 은행 정보나 기업의 성공에 필요한 거래 비밀이 담긴 민감한 서류나 기밀 서류를 다룰 수 있다. 어떠한 경우든 홈 오피스 보안은 지나쳐서 나쁠 것 없다.

이 센트럴 시스템 같은 알람은 외부 진입 지점뿐만 아니라 화재도 감지한다. 집 안에서 침입자를 마주할 경우에는 패닉 코드를 이용할 수 있다. 중앙 스테이션 알람은 주택 보안 카메라와도 연결될 수 있다.

알람 vs. 보안 시스템

주택 보안 시스템은 기본 단계에서 고급 단계까지, 비교적 저렴한 것(수 십 만원)에서 상당히 비싼 것(수 백 만원)에 이르기까지 광범위하다. 비용은 시스템의 복잡성과 감시 장치의 유형에 달려 있다. 가장 저렴한 옵션은 외부 창문과 문에 전선으로 연결된 단순한 형태의 알람이다. 시스템이 설치된 상태에서 이 연결지점 중 하나가 부서질 경우 사이렌이나 경적이 울리게 된다. 이는 침입자나 도둑을 겁주어 쫒아버리는 것이 목적이지만 경험 있는 강도는 이러한 알람에 속지 않는다. 밤늦은 시간인 데다 우리가 집에 없다는 것을 강도가 알 경우 시끄럽고 혼란스러운 소음은 그 자체만으로는 방해물이 될 수 없다. 전문범은 몇 초 만에 집에 들어갔다 나올 수 있기 때문이다.

감시 장치가 달린 "중앙 스테이션" 알람 시스템이 홈 오피스뿐만 아니라 집 전체를 지키는 데 더욱 효과적인 이유다. 이 시스템의 장점은 감시카메라가 침입자뿐만 아니라 화재와 홍수도 감지한다는 데 있다. 보다 정교한 장치에는 여분의 배터리가 있어 24시간 감시가 이루어질 뿐만 아니라 정전이 발생할 때에도 작동하기 때문에 집이나 홈 오피스를 나설 때에도 걱정할 필요가 없다. 이 시스템의 경우 가장 낮은 사양도 결코 저렴하지 않으며 매 달 관리비도 지불해야 한다.

무선 감시카메라

오늘날에는 집 안에 감시카메라 시스템을 쉽게 설치할 수 있다. 보모용 몰래 카메라에서 초인종 비디오 전송기에 이르기까지 집이나 홈 오피스에 사용할 수 있는 비디오 장치가 많다. 구형 외부 보안 카메라조차 무선으로 바뀌고 있으며 최첨단 기술을 탑재하고 있다. 이러한 시스템은 영상을 외부 하드 드라이브에 기록할 수도 있지만 오늘날에는 매 달 저렴한 관리 비용으로 유지되는 클라우드 계좌에 영상을 전송하는 옵션을 이용할 수도 있다. 어떠한 경우든 핸드폰 앱으로 무선 홈 보안 카메라를 볼 수 있다. 그것만으로도 충분하지만 집 안밖에서 일어나는 활동을 녹화하는 홈 보안 장치 기술 장치 네트워크와 일체형 제 3자 서비스 간에는 큰 차이가 있다. 수상쩍은 행동을 보더라도 초인종 카메라가 경찰을 부르는 일은 없을 것이다.

국지 보호 장치

우리는 홈 오피스 장비와 귀중품을 덜 디지털한 방식으로 보호할 수도 있다. 컴퓨터 잠금장치는 다양하지만 기능은 거의 동일하다. 내절단성을 갖춘 케이블을 컴퓨터(혹은 모니터나 프린터 같은 주변 장치) 프레임에 부착하며 다른 끝은 책상이나 바닥을 비롯한 단단한 표면에 접합하면 된다. 금고 역시 바닥이나 벽 스터드에 부착할 수 있다. 노트북 컴퓨터에서 사용할 수 있는 내장형 알람이 달린 자물쇠도 있다. CPU나 서버에 사용할 수 있는 컴퓨터 "로커"-그 안에 든 장치를 보호하는 강철 컨테이너-도 있다. 이 같은 물리적인 보안 방법은 전자 장치를 보완할 수 있는 훌륭한 방법이다.

재정 보호 장치

홈 오피스에도 보험을 들어야 한다. 다시 말해 여러분의 주택보험이 홈 오피스 컴퓨터, 주변 장치를 비롯한 기타 장비를 커버하도록 해야 하며 현 보험 정책이 이러한 자산들을 커버하지 못할 경우 이 사항을 추가해야 한다. 이미 보안 시스템이 있는 상태라면-특히 이 시스템이 주택의 나머지 부분뿐만 아니라 홈 오피스도 커버한다면-추가 비용은 상쇄될 것이다. 여러분이 홈 오피스에 상근하며 IRS 지침에 따른 공제 가능한 기준을 모두 충족할 경우 보안에 필요한 하드웨어와 서비스의 비용 중 일부는 공제가 가능하다.

홈 카메라는 계속해서 가격은 낮아지고 품질은 향상되고 있다. 낮이든 밤이든 선명한 이미지를 확보해주는 고품질의 카메라만으로 충분하지만 카메라에 움직임이 감지될 때마다 컴퓨터나 핸드폰에 뜨게 하는 무선 카메라를 구입할 수도 있다.

RESOURCES

출처

가구

클로짓 팩토리

www.closetfactory.com
맞춤형 벽장과 홈 오피스 수납가구

헤르먼 밀러

www.hermanmiller.com
세련되고 현대적이며 인체공학적으로 설계된 의자, 책상, 사무용 가구

크레프트메이드

www.kraftmaid.com
수공예 홈 오피스 벽장과 수납가구

프리팩 메뉴팩처링

www.prepacmfg.com
책상, 수납가구, 벽걸이 일체형 가구 등의 홈 오피스 가구

웨버 콜먼 우드웍스

www.webbercolemanwoodworks.com
맞춤식 수납장, 목공품, 디자인 서비스

웰본 캐비넷

www.wellborn.com
주문 제작 수납장

조명

럭스 LED 조명

www.luxledlights.com
내부 충전기와 포트가 부착된 책상, 바닥, 천장용 고급 LED 조명

페인트

베어

www.behr.com
광범위한 색상의 페인트와 마감재

쉐르윈-윌리엄스

www.sherwin-williams.com

광범위한 색상의 페인트와 마감재

창고

캉가 룸 시스템스

www.kangaroomsystems.com
다양한 양식의 일괄 공급식 창고

모던-쉐드

www.modern-shed.com
다양한 양식과 창문 구성으로 출시되는 현대적인 창고

기술

스타테크닷컴

www.startech.com
모니터 부착장치에서 USB 도크 등 광범위한 홈 오피스 전자 액세서리

UT 와이어

www.ut-wire.com
케이블 관리 및 정리 액세서리

PHOTO CREDITS

사진 출처

Abbreviations: SS = photo courtesy of Shutterstock.com and the respective creator; t = top; b = bottom; l = left; r = right; m = middle

Pages 2–3: Photo courtesy of Behr, www.behr.com, (800) 854-0133
Page 4: Photo courtesy of Herman Miller, Inc., www.hermanmiller.com, 616-654-3000
Page 6: SS/Artazum
Page 7: Photo courtesy of Modern-Shed, Inc., www.modern-shed.com; photographer: Dominic Arizona Bonuccelli
Page 8: SS/Artazum
Page 9 t: SS/Photographee.eu
Page 9 b: SS/Photographee.eu
Page 10 t: SS/Artazum
Page 10 bl: Photo courtesy of Modern-Shed, Inc., www.modern-shed.com; photographer: Dominic Arizona Bonuccelli
Page 10 br: Photo courtesy of Modern-Shed, Inc., www.modern-shed.com; photographer: Dominic Arizona Bonuccelli
Page 11 t: SS/Artazum
Page 11 b: SS/Rodenberg Photography
Page 12 t: SS/jason cox
Page 12 b: SS/Artazum
Page 13 t: SS/AnnaStills
Page 13 b: SS/Artazum
Page 14 t: SS/Photographee.eu
Page 14 b: SS/ppa
Page 15 t: SS/Qiwen
Page 15 b: Photo courtesy of Closet Factory, www.closetfactory.com, (800) 838-7995
Page 17: SS/SeventyFour
Page 18 t: SS/Andrey_Popov
Page 18 b: SS/XaviArt
Page 19: Photo courtesy of Behr, www.behr.com, (800) 854-0133
Page 20: Photo by Jonathan Nicholson for LUX LED Lighting, www.luxledlights.com
Page 21: Photo courtesy of Behr, www.behr.com, (800) 854-0133
Page 22: Photo courtesy of Closet Factory, www.closetfactory.com, (800) 838-7995
Page 23: SS/ThreeDiCube
Page 24: Photo courtesy of Behr, www.behr.com, (800) 854-0133
Page 25 t: SS/DimaBerlin
Page 25 b: SS/Arnon.ap
Page 26: Photo courtesy of Wellborn Cabinet, Inc., www.wellborn.com, (800) 762-4475
Page 27: SS/Dariusz Jarzabek
Page 28 t: SS/Photographee.eu
Page 28 b: SS/Photographee.eu
Page 29 and front cover: Photo courtesy of Behr, www.behr.com, (800) 854-0133
Page 30: Photo courtesy of Rossington Architecture, rossingtonarchitecture.com, (415) 552-4900
Page 31: Illustration by the author
Page 32: Photo by Tone Images; builder: Gagne Construction; design by Orange Moon Interiors, orangemooninteriors.com, (941) 726-9962
Page 33 and back cover tl: Photo by Christopher Stark; design by Applegate Tran Interiors, www.applegatetran.com, (415) 487-1241
Page 34: SS/MJTH
Page 35: Photo courtesy of KraftMaid, www.kraftmaid.com, (888) 562-7744
Page 36: SS/Kuznetsov Dmitriy
Page 37: SS/-Taurus-
Page 38: Photo courtesy of Revealing Redesign, www.revealingredesign.com, (484) 840-3542
Page 39: SS/Photographee.eu
Page 40: SS/Artazum
Page 41: Photo courtesy of Historic Shed, historicshed.com, (813) 333-2249
Page 42 t: Photo by Bill Lyons, courtesy of Hammer Architects, hammerarchitects.com, (617) 876-5121
Page 42 b: SS/Uesiba
Page 43 main: Photo courtesy of Modern-Shed, Inc., www.modern-shed.com; photographer: Dominic Arizona Bonuccelli
Page 43 inset: Photo courtesy of Modern-Shed, Inc., www.modern-shed.com; photographer: Dominic Arizona Bonuccelli
Page 44: SS/BondRocketImages
Page 45: Photo courtesy of Kanga Room Systems, www.kangaroomsystems.com, (512) 777-1383
Page 46: Photo by StudioShed, www.studio-shed.com, (888) 900-3933
Page 47 t: SS/Hello_ji
Page 47 b: SS/Pla2na
Page 48: SS/Oleksandr_Delyk
Page 49: SS/Artazum
Page 50: SS/FOTOGRIN
Page 51: Illustration by the author
Page 52: SS/tele52
Page 53: SS/pikcha
Page 54: SS/terng99
Page 55: SS/Vectorpocket
Page 56: SS/tele52
Page 57 t: SS/tele52
Page 57 b: SS/Sunndayz
Page 58: SS/ISOVECTOR
Page 59 and back cover tr: SS/tele52
Page 60: SS/Borodatch
Page 61: SS/IgorMass
Page 62: SS/terng99
Page 63: SS/tele52
Page 64 l: Illustration by Chris Morrison
Page 64 r: SS/Artazum
Page 65 l: Illustration by Chris Morrison
Page 65 r: Photo courtesy of Herman Miller, Inc., www.hermanmiller.com, 616-654-3000
Page 66 t: Illustration by Chris Morrison
Page 66 b: SS/Artazum
Page 67 t: Illustration by Chris Morrison
Page 67 b: SS/David Hughes
Page 68: Photo courtesy of Prepac Manufacturing, Ltd., www.prepacmfg.com, (800) 665-1266
Page 69 tl: Photo courtesy of Webber Coleman Woodworks, www.webbercolemanwoodworks.com, (706) 769-9150; photographer: Rustic White Interiors
Page 69 tr: SS/FabrikaSimf
Page 69 b: SS/Followtheflow
Page 70 l: SS/Tanyapatch
Page 70 r: Photo courtesy of Startech.com, www.startech.com, (800) 265-1844
Page 71: SS/Proxima Studio
Page 72: Photo courtesy of UT Wire, www.ut-wire.com
Page 73: SS/Photographee.eu
Page 74: SS/Angel_Vasilev77
Page 75 and back cover tm: SS/elenabsl
Page 76: Photo courtesy of Herman Miller, Inc., www.hermanmiller.com, 616-654-3000
Page 77: Photo courtesy of Closet Factory, www.closetfactory.com, (800) 838-7995
Page 78: SS/Mumemories
Page 79: Photo courtesy of Closet Factory, www.closetfactory.com, (800) 838-7995
Page 80: SS/Mike Focus
Page 81: Photo courtesy of Startech.com, www.startech.com, (800) 265-1844
Page 82: Photo by Mueller Small Living, info@mueller-emform-usa.com, (855) 591-0751
Page 83: Photo courtesy of Prepac Manufacturing, Ltd., www.prepacmfg.com, (800) 665-1266
Page 84 l: Photo courtesy of Herman Miller, Inc., www.hermanmiller.com, 616-654-3000
Page 84 r: Photo courtesy of Herman Miller, Inc., www.hermanmiller.com, 616-654-3000
Page 85: SS/Artazum
Page 86: Photo courtesy of Herman Miller, Inc., www.hermanmiller.com, 616-654-3000
Page 87 l: Photo courtesy of Modern-Shed, Inc., www.modern-shed.com; photographer: Dominic Arizona Bonuccelli
Page 87 r: Photo courtesy of Modern-Shed, Inc., www.modern-shed.com; photographer: Dominic Arizona Bonuccelli
Page 88: Photo by Jonathan Nicholson for LUX LED Lighting, www.luxledlights.com
Page 89: SS/KUPRYNENKO ANDRII
Page 90: SS/eightstock
Page 91: Photo courtesy of Webber Coleman Woodworks, www.webbercolemanwoodworks.com, (706) 769-9150; photographer: McGinnis Leathers
Page 92 l: Photo courtesy of Kanga Room Systems, www.kangaroomsystems.com, (512) 777-1383
Page 92 r: SS/Artazum
Page 93 l: SS/Sira Anamwong
Page 93 r: Photo courtesy of Wellborn Cabinet, Inc., www.wellborn.com, (800) 762-4475
Page 94: SS/StockPhotosLV
Page 95: Photo courtesy of Prepac Manufacturing, Ltd., www.prepacmfg.com, (800) 665-1266
Page 96: SS/Photographee.eu
Page 97: SS/LI CHAOSHU
Page 98: SS/Breadmaker
Page 99: Photo courtesy of Modern-Shed, Inc., www.modern-shed.com; photographer: Dominic Arizona Bonuccelli
Page 100: Photo courtesy of Prepac Manufacturing, Ltd., www.prepacmfg.com, (800) 665-1266
Page 101: Photo courtesy of Closet Factory, www.closetfactory.com, (800) 838-7995
Page 103 l: Photo courtesy of Kanga Room Systems, www.kangaroomsystems.com, (512) 777-1383
Page 103 r: Photo courtesy of Kanga Room Systems, www.kangaroomsystems.com, (512) 777-1383
Page 104 t: Photo by Jonathan Nicholson for LUX LED Lighting, www.luxledlights.com
Page 104 b: SS/Photographee.eu
Page 105: SS/Artazum
Page 106 tl: SS/Yaoinlove
Page 106 tm: SS/Photo_Traveller
Page 106 r: SS/ANDY RELY
Page 106 bl: SS/JADEZMITH
Page 106 bm: SS/Lamyai
Page 107 l: Photo courtesy of Startech.com, www.startech.com, (800) 265-1844
Page 107 r: SS/New Africa
Page 108: SS/Dmytro Balkhovitin
Page 109: SS/Andrey_Popov
Page 110 all: SS/GoodStudio
Page 111: SS/Jelena Zelen
Page 112: SS/Yarrrrrbright
Page 113: SS/David Fuentes Prieto
Page 114: SS/Isabel Garcia Aguirre
Page 115 l: SS/Photographee.eu
Page 115 r: SS/fizkes
Page 116 t: SS/Monkey Business Images
Page 116 b: SS/Ostanina Anna
Page 118 t: Photo by Brian Jordan, RainOrShineStudios.com, courtesy of T.J. Costello, Hierarchy Architecture + Design, New York, www.hierarchyarchitecture.com, (516) 627-7007
Page 118 b: SS/SeventyFour
Page 119: SS/Rob Byron
Page 121: SS/Prostock-studio
Page 122: SS/ESB Professional
Page 123: SS/zorpink

INDEX

색인

미라클 홈 오피스

집 안에 **나만의 행복 공간** 솔루션

초판 1쇄 인쇄 2022년 6월 22일
발행 2022년 6월 29일
지은이 크리스 페터슨
펴낸곳 케이미라클모닝
등록 제2021-000020 호
주소 서울 동대문구 전농로 16길 51, 102-604
전자우편 kmiraclemorning@naver.com
전화 070-8771-2052
ISBN 979-11-977597-1-0 (03300)

값 15,000원